문예신서
3104

루키노 비스콘티

《센소》 비평 연구

미셸 라니

이수원 옮김

東文選

《센소》 비평 연구

Étude critique par Michèle Lagny

Senso

Luchino Visconti

© Éditions Nathan, 1992

This edition was published by arrangement
with Éditions Nathan, Paris
through Sibylle Books Literary Agency, Seoul

차 례

서 문 ————————————————— 7

루키노 비스콘티의 생애와 영화 ————————— 10

크레디트 ———————————————————— 16

배 경 ———————————————————————— 24

줄거리 요약 ——————————————————— 31

■ 시퀀스를 따라서 ———————————————— 35

영화의 데쿠파주 ————— 35

■ 구조, 행위, 극작법 ————————————————— 48

4막으로 구성된 연극: 운명의 힘 ————— 49

반사와 도치: 거울의 승리 ————— 56

서술 구조: 죽음의 논리와 무위의 시간 ————— 62

■ 원작, 역사, 음악 ————————————————— 73

보이토의 중편 소설 ————— 74

리소르지멘토 ————— 82

'멜로드라마적' 모델 ————— 89

■ 주제와 인물 ————————————————————— 99

리비아 혹은 '여성들의 패배' ————— 101

영웅들의 최후 ————— 109

역사의 무게 ————— 117

그리고 마지막으로, 죽음 ————— 127

■ 비스콘티식 미학 —————————————————————— 131
　소격화된 재현 ————— 132
　의미와 형식 ————— 146

■ 시퀀스 분석 ———————————————————————————— 158
　3막극의 구조 ————— 171
　무대 연기: 영화적 연극 ————— 173
　이중 장치의 위험 ————— 177

　평단의 시선 ———————————————————————————— 183
　용어 해설 ———————————————————————————————— 191
　참고 문헌 ———————————————————————————————— 195

서 문

《센소》는 사랑과 죽음에 관한 이야기(관습화된 소재이기는 하지만)를 호화로운 장식과 눈부신 '역사적' 의상(고급 취향과 이국 취향을 둘 다 만족시키는) 속에서 전개시킨다. 동시에 이 영화는 다양한 방법으로 관객에게 비판적인 시선을 종용함으로써 사료편찬학과 문학 또는 연극의 전형적 클리셰들이 만들어 내는 역사와 정열적 사랑에 대한 전통적 재현의 허상을 고발한다. 그러나 '고전 문화 텍스트'(연극·음악·회화 문화를 말함)를 인용함으로써 신화적 이야기들(예를 들면 서사시나 오페라의 이야기들)에 대한 향수를 자아내며, 영화 자체가 레비 스트로스가 저서 《벌거벗은 인간》에서 그 기능을 상기시킨 바 있는 예술 작품들 중 하나를 탄생시킨다. 그 기능이라는 것은, 신화가 사라졌을 때 신화적 사유의 새로운 형식이 되는 것을 가리킨다. 따라서 저자의 해석은 세 가지 층위에서 이루어질 것이다. 즉 이야기 자체, 그 이야기를 전개하는 방식에 기인하는 비판적 담론, 그리고 세상을 읽고 그 세상의 무게를 견뎌낼 수 있기 위해 우리가 아직 필요로 하는 신화라는 층위가 그것이다.

이와 같은 의미의 풍부함은 대번에 만장일치로 인정받았던 미적 가치들과 더불어 이 영화가 개봉 당시 격렬한 논쟁을 불러일으켰음에도 불구하고 '불가분의 걸작'이 될 수 있었던 이유를 설명해 주는 동시에, 영화 독해상의 어려움 또한 존재한다는 것을 함의한다.

첫번째 어려움은 《센소》가 토대로 삼고 있는 문화가 멸종중이라는 데에 연유한다. 남자 주인공의 대사에 의해 표현되는 영화의 핵심이 바로 이와 같은 사실이다. 그는 자신의 정부에게 "너무 늙어서" 그녀를 버린다고 설명한다. "한 세계 전체가 사라질 것이오. 당신과 나, 우리가 속한 세계가." 영화 내용상 이 대사는 1866년에 발화된 것이다. 그런데 비스콘티가 20세기 중반에 그것을 제안할 때, 그는 자신의 담화가 여전히 읽혀질 수 있다고 생각하는 것 같았다. 영화가 촉발시킨 논쟁은 영화에 드러나는 '탐미주의'의 '퇴폐적' 성격에 초점이 맞춰진 것으로, 그 세계가 사실상 이미 거의 완전히 침몰한 상태라는 것, 그리고 19세기의 역사와 미술 및 음악에 대해 '문화고고학'적인 방문이 필요하다는 것을 보여준다.

두번째 장애물은 더욱 심각하다. 작품이 복잡하다는 점인데, 그 이유는 영화가 사라진 세계에 속하는 요소들을 자양분으로 삼고 있을 뿐 아니라 역사적 담론만큼 정치성 또한 담보하고 있기 때문이다. "《센소》는 우리 자신의 이야기일 수 있을 것이다"라고 비스콘티는 말한 바 있는데, 그에게 1950년대초 이탈리아를 장악했던 가톨릭 민주주의는 영화에 묘사된 오스트리아 점령 체제보다 나을 것이 없다. 그러나 이와 같은 담론은 공공연히 표명될 수 있는 것이 아니기에 '베일'을 한 겹 쓰고 있고, 게다가 작가는 단순화되거나 이분법적인 주장을 거부하고 있다. 실질적으로 비판의 표적이 되는 영화 속 '불분명함'의 예들 중 일부는 심의의 결과물이다. 그밖의 경우들은 《센소》가 침체된 사회를 묘사하는 데 있어서, 보수적인 의도에서 전통의 황금기를 칭송하거나 진보적인 목적에서 '희망찬 앞날'을 선전하는 것, 그 어느것에도 만족하지 않는다는 사실에 기인한다. 영화는 구세계와 신세계 간에 존재하는 모순들과, 구체제같이 재생의 꿈(분명한 변화에도 불구하고 이전만큼이나 압제적인 정권에 의해 차압당할 위험이 있는 그런 꿈)에 영향을 끼치는 모순들을 동시에 고발한다.

마지막으로, 영화 구조가 섬세하면서도 엄격하다는 점을 들 수 있다. 비스콘티는 부분들과 전체의 상호적 생성을 야기하면서 음악적 의미로 '작곡을 한다.' 영화 표현상의 상이한 재료들을 극단적으로 섬세하게 조율하는 것에 도치 및 재현 내의 재현이라는 미장아빔(mise en abyme)이 더해진다. 그 기능은 역사와 시간에 대한 복합적 이미지를 제시하는 동시에 비판적 의식을 일깨우는 것이다.

1954년 평단의 주저하는 태도야 어떠했든간에 모두 이 영화의 힘을 예감했었고, 오늘날 《센소》를 읽을 수 있는 방식은 시간과 더불어 더욱 풍부해졌다. 실제로 영화 속에 드러나는 제안들(이데올로기적이거나 미학적인)은 비스콘티가 자신의 타영화들을 통해 역사 및 한 세계의 죽음의 의미, 또는 예술의 역할이 갖는 의미에 대한 자신의 성찰을 심화함에 따라 점점 더 새로운 모습으로 등장하게 되었다.

루키노 비스콘티의 생애와 영화

1906년부터 1976년, 아름다운 시대에서 공포 정치 기간에 이르기까지 비스콘티의 삶은, 그가 사회적 신분 덕택에 보호받았음에도 불구하고 20세기를 강타한 충격들의 영향을 받았다. 그가 받은 교육과 개인적 확신들은 그로 하여금 영화계에서 독특한 인물로 자리매김케 하였다. 비교적 늦게 영화계에 뛰어든데다 그 틀에만 박혀 있지 않았던 것이다.

롬바르디아 궁에서 치네치타로

비스콘티는 귀족과 대자본의 결합, 아버지인 모드로네 백작과 어머니 카를라 에브라의 결혼이 잉태한 일곱 명의 자녀들 중 넷째로 태어났다. 아버지는 13세기부터 15세기까지 밀라노 시의회를 지배했던 비스콘티가 출신이었고, 어머니는 19세기에 화학/제약 산업이 달성한 부의 상속자였다. 이와 같은 훌륭한 여건으로부터 루키노 비스콘티는 남다른 물질적 풍요와 사교계와의 친분, 그리고 무엇보다도 엄격한 교육을 기반으로 한 섬세한 교양의 혜택을 누릴 수가 있었다.

오페라 · 음악 · 연극 및 심지어 영화가 제공하는 즐거움들을 매우 일찍 맛본 그는, 유년기부터 공연을 무대에 올림으로써 자신의 창조력을 발산했고 음악가의 길을 계획할 만큼 충분한 첼로 실력을 보여주었지만, 결국 주변 환경에 순응하게 된다. 그리 말 잘 듣는 학생이 아니었던 그는 1926년 기병학교에 들렀던 것을 계기로 종마 양육과 경마에 취미를 붙인다. 여행도 하는데, 특히 독일에서 사진작가 호르스트를 알게 되고, 영국을 거쳐 파리에서는 호르스트의 소개로 코코 샤넬을 만난 후 그녀의 소개로 르누아르 또한 알게 된다. 요컨대 30년 동안 부유하고 교양 있는 귀족으로서의 우아하고 세련된 삶만을 살았던 것이다.

그에게 '대전환'은 1936년부터 시작된다. 정치적으로 파시즘과 비교적 거리를 두면서도 아직 나치즘의 모든 횡포를 전면에 드러내지 않고 있던 독일에 어느 정도 관심이 있었는데도 불구하고 그는 프랑스 인민전선과의 접촉으로 정치적 자각을 하게 된다. 이와 같은 정치적 자각에 따라 반파시스트 저항 운동에 참여하기에 이르고──이 저항 운동으로 인해 1944년 4월 잠시 구속되기도 한다──특히 당시 불법이었던 이탈리아 공산당에 가담하게 되어 그의 생애 동안 내내 당을 떠나지 않는다. 그는 자신의 신분을 부정하지 않으면서 또 다른 계층 의식을 받아들였다.

이와 같은 정치적 활동은 그의 '제7예술' 입문과 긴밀하게 연관된다. 1928년 밀라노에서 골도니의 작품을 연출함으로써 이미 연극 연출가로서 경험이 있었지만, 영화 데뷔는 《들놀이》에서 조연출 및 의상 담당을 맡으면서였다(분실된 것으로 보이는 첫 영화를 1934-35년에 찍기는 했지만). 1937년 할리우드를 다녀온 후, 전쟁으로 인해 르누아르와 《토스카》를 함께 찍을 계획은 무산되고, 로마에 있던 영화실험센터의 반파시스트 지식인들과 인연을 맺게 된다. 그는 잡지 《치네마》를 통해 비판적 견해를 피력하는 데 동참했는데, 특히 '유인원 영화'에 대한 그의 기사(1943)는 신앙고백의 일종으로 간주해도 좋을 것이다. 그의 첫 영화 《강박관념》(1943년 개봉)[1]은 이와 같은 소용돌이 한가운데에서 촬영되었다.

선택과 장벽

비스콘티의 영화들을 이해하는 데 있어서 그의 애정 생활, 특히 1939년에 사망한 어머니에 대한 애정이나 동성애라는 짐작컨대 힘겨웠을 경험이 중요하기는 하지만, 그의 창작 활동에 자양분이 되었던 것은 이데올로기적 선택들과 넘치는 교양이다. 그의 창작 활동은 영화와 연극에서 동시에 이루어졌는데, 이탈리아 레퍼토리에 속하는 작품들은 물론 프랑스 및 영미권의 고전과 신작들도 무대에 올렸다. 1954-55년에는 마침내 오페라 연출에 마리아 칼라스와 함

---

1) 이 책에서 영화와 관련된 날짜는 모두 개봉 날짜에 해당한다.

께 뛰어든다.

이와 같은 왕성한 활동 가운데 이 책에서는 그가 만든 영화들만을 다루고자 하지만, 그 영화들은 상기한 다양한 원천들에서 비롯된 성찰의 흔적을 담고 있고, 그런 다양한 원천들 때문에 영화 자막을 보면 작가들(가장 선호되었던 작가는 토마스 만과 마르셀 프루스트였음에도 불구하고 프루스트의 영화화는 시나리오와 로케 단계를 넘어서지 못했다)과 음악가들(베르디에서 바그너를 거쳐 브루크너와 말러에 이르기까지)의 이름이 등장하고 있는 것이다. 한편 배경을 보면 무엇보다도 셰익스피어·도스토예프스키·니체의 이름이나 베로네제 학파에서 인상파에 이르기까지 위대한 화가들의 이름이 무성하다.

비스콘티가 검열이나 영화 제작 비용 조달의 어려움에서 벗어날 수 없었던 것은, 그가 기존 정치 **체제**의 눈에는 너무 대담했고, 제작자들의 입장에서는 돈이 너무 많이 들었기 때문이다. 그런 연유로 해서 어느 정도 진전되었다가 무산된 계획들이 꽤 많았고, 빛나는 성공작을 잉태시킨 '전략적 후퇴들'도 있었던 것이다. 그 예로 《밤의 행진》의 시나리오를 포기하고 보이토의 중편 소설을 연출하기로 승낙하여 만들어진 《센소》나, 프루스트를 포기하고 단눈치오로 만족하고 연출한 《이노센트》를 들 수 있다. 게다가 그의 많은 영화들은 제작사와 공식 검열로부터 청신호를 받았음에도 불구하고 일단 완성된 후 '야만적인 삭제'의 대상이었으며, 지금도 여전히 그러하다. 평단과 대중의 반응이 고르지 못한데다 상영 시간 측면에서는 그 길이가 너무 길고, 특히 《레오파드》부터는 일종의 내러티브상의 비연속성을 기반으로 구축되었기 때문에, 그의 영화들은 부분적으로 재편집되는 경우가 아닐 때에도 쇼트나 시퀀스 전체가 잘려 나가고는 한다.

비스콘티와 영화계

비스콘티는 자기 주위에 연극을 통해 종종 알게 된 배우들은 물론 시나리오 작가와 편집 · 조명 · 의상 · 장식 담당 스태프들로 이루어진 거의 영속적인, 진정한 의미의 팀을 꾸릴 줄 알았다. 비스콘티가 작가였음은 당연한 사실이되, 타인들로부터 영감을 받고 사람들을 주변에 두고 교육자적 역할을 수행할 줄 아는 작가였다.

실험작 《강박관념》의 성공과 1948년 네오리얼리즘의 눈부신 성공인 《흔들리는 대지》 이후, 1951년 개봉된 《벨리시마》는 실제 영화(le cinéma du réel)라는 것이 양산하는 환영들을 고발한다. 1954년에 《센소》는, 1963년에 이르러 《레오파드》를 지배하게 되는 이탈리아 역사라는 요소를 불륜과 연관시켜 보여준다. 그 사이에 《백야》(1957)는 꿈과 현실을 넘나들고, 그와 같은 특징은 이민자 가족의 이야기인 《로코와 그의 형제들》(1960)에서 다시금 강하게 드러난다. 가족은 또다시 《바게 스텔레 델 오르사》(산드라, 1965)에 등장하는데, 비난의 대상으로서 다루어진다. 《이방인》을 위해 비스콘티가 지켜야 했던 조건은 '책의 영상화' 밖에 없었고, 역사 및 그 속에서 진행되는 해체에 대한 성찰은 '독일 삼부작'에 속하는 이후 두

편의 영화인 1969년 《저주받은 자들》과 1973년 《루트비히 2세》에서 다시 엿보이는 요소이다. 한편 《베니스에서의 죽음》(1971)은 예술 창작과 쾌락적인 삶 간의 관계에 대한 명상이다. 1974년 《폭력과 열정》은, 1972년 《루트비히 2세》 촬영중 뇌일혈을 일으킨데다 파시스트의 부활과 좌파 테러리즘이라는 자신이 반대하는 경향들이 강세를 보이는 정치 흐름에 대한 충격으로 번민하던 비스콘티를 위협하는, 죽음이 새겨진 영화이다. 마지막으로 《이노센트》는 감독이 거의 불구가 된 상태에서 촬영하다가 1976년 3월 더빙 작업이 한창일 때 죽은 영화로 댄디즘의 절정을 보여주는데, 툴리오를 통해 재현의 게임을 통해서만 존재하는 한 사회가 자기 파괴에 이르는 과정이 펼쳐진다.

크레디트

제작	룩스 필름, R. 구알리노.
	제작 총책임, 클라우디오 포르제 다반자티
감독	루키노 비스콘티
조감독	프란체스코 로지, 프랑코 제피렐리
시나리오 및 대사	시나리오는 수소 체키 다미코·루키노 비스콘티가 카를로 알리아넬로·조르지오 바사니·조르지오 프로스페리와의 협력하에 담당. 대사는 카미요 보이토의 중편 《센소》에 의거하여 테네시 윌리엄스와 폴 볼스가 담당.
조명(촬영)	G. R. 알도, 로버트 크라스커
	조명 조감독: 쥬세페 로툰노
음악	자문: 안톤 브루크너
	제7교향악 E장조, 이탈리아 라디오 텔레비전 관현악단, 프랑코 페라라 지휘
편집	마리오 세란드레이
의상	마르셀 에스코피에, 피에로 토시

무대	오타비오 스코티
장식	지노 브로시오
	테크니컬러 사용, 룩스 필름 음향, 웨스턴 일렉트릭 녹음
출연	알리다 발리(리비아 세르피에리 백작부인); 팔레이 그렌저(프란츠 말러 중위); 마시모 지로티(로베르토 우소니 후작); 하인즈 무그(세르피에리 백작); 리나 모렐리(하녀, 라우라); 마르셀라 마리아니(창녀, 클라라); 크리스티앙 마르캉(장교, 말러의 동료); 세르지오 판토니(파르티잔, 루카); 티노 비앙키, 에른스트 나데르니, 토니오 셀와트, 마리아나 레이블, 크리스토포로 데 하르투르젠, 골리아르다 사피엔자, 그리고 8천 명의 엑스트라.

스태프

제작자 R. 구알리노는 전후 이탈리아 영화 제작을 재정비한 대형 제작사들 중 하나인 룩스사 사장이다. 역사가인 브루네타는 그를 "기업가이자 사업가로서 예외적인 인물"로 묘사했다. "경영인, 예술후원가, 작가이자 반파시스트적 지식인"이었던 그는 리파리 섬으로 추방당했었다. 1945년 고국으로 돌아와 룩스사 사장으로서 매우 개방적인 정책을 펼쳤으며, "유일하게 상업적인 기업이 동시에 그 시대 영화의 최고 세력들의 집결점이 될 수 있게 한 제작자"의 전범이다. 그가 제작한 영화들은 가톨릭의 색채를 띠긴 하지만 이탈리아 사회의 다양한 경향들을 고려하고 있다. 따라서 《센소》를 둘러싼 비스콘티와 구알리노의 만남은 "거의 필수적이었던데다 제작자의 경력을 매듭짓는 데 있어서 필요했던 것"처럼 보인다.[2]

《센소》 기술 스태프의 일관성과 높은 수준, 특히 감독으로 입봉하기 전 비스콘티의 조감독으로 《흔들리는 대지》와 《벨리시마》 때부터 일한 제피렐리와 로시를 강조해야 할 필요가 있다. 세란드레이는 《강박관념》 시절부터 비스콘티 영화의 편집을 담당해 왔고, 피에로 토시는 《벨리시마》에서 이미 의상을 담당한 바 있었다. 《흔들리는 대지》에서 조명을 맡았던 알도가 조명감독이었는데, 1953년 11월 교통사고로 죽는다. 그는 쿠스토차 전투 장면과 알데노에 있는 세르피에리가 별장의 내부 및 야외 장면을 찍었다. 로렌스 올리비에와 데이비드 린 및 캐롤 리드와 함께 일했던 크라스커가 그뒤를 이어 페니체 극장에서 베니스와 베로나의 내부 장면들과 마차 장면을 찍고, 조명 조감독이자 향후 비스콘티와 계속 작업하게 될 로툰노는 야외 장면들과 프란츠의 죽음을 담당했다.

비스콘티 감독과 수소 체키 다미코 사이에 협력이 시작된 것은 《센소》 때부터였다. 그녀는 이미 타감독들의 시나리오를 집필했었

---

2) 지안 피에로 부르네타. *Storia del cinema italiano dal 1945 agli anni ottana*, Roma. Editori Riuniti pp.38-39. 저자의 번역.

고, 1945년부터는 비스콘티를 위해 번역을 했다. 그녀의 아버지 에밀리오 체키는 작가이자 예술비평가였는데, 1930년대와 40년대에 제작자이자 시나리오 작가로서 중요한 활동을 했다. 한편 그녀의 남편 페델레 다미코는 저명한 연극평론가의 아들이었고, 그 자신은 음악가이자 음악평론가이며 동시에 공산주의 가톨릭 그룹의 영향력 있는 회원이었다. 《센소》 시나리오의 손질은 문학자문이었던 작가 조르지오 바사니의 자문하에 주로 그녀와 비스콘티의 협의로 이루어졌다. 조르지오 프로스페리와 카를로 알리아넬로, 리소르지멘토(이탈리아 혁명) 전문가와 역사자문은 룩스사가 소개한 경우다. 테네시 윌리엄스와 폴 볼스는 두 주인공의 영어 대사를 위해 영입되었다.

비스콘티가 애초에 잉그리드 버그만과 말론 브란도에게 맡기려고 했었다는 두 주인공 역은 그들의 바쁜 일정 때문에 알리다 발리와 팔레이 그랜저에게 돌아간다. 알리다 발리는 1921년생으로 1935년부터 연기를 시작했고, 1940년대 무솔리니 통치하에 만들어진 영화들에서 다양한 역을 맡으면서 유명해졌다. 특히 솔다티 감독의 《오래된 작은 세계》에서 두각을 나타냈는데, 비스콘티는 그 영화에서 "그녀의 아름다운 얼굴, 방향을 잃은 그녀의 시선, 고집 센 입술"을 발견한다. 전쟁이 끝난 후 셀즈닉과의 계약 덕분에 그녀는 할리우드로의 진출을 시도하게 된다. 그러나 몇 번의 중요한 배역(히치콕의 《패러다인 부인의 재판》, 또는 캐롤 리드의 《제3의 사나이》에서)만으로 이렇다 할 성공을 거두지 못한 채 1951년 이탈리아로 돌아온다. 그녀가 인정을 받게 되는 것은 《센소》를 통해서이다. 팔레이 그랜저는 1925년 캘리포니아 태생으로 1943년 할리우드에서 데뷔했다. 그의 연기가 최고조에 이른 것은 히치콕의 《올가미》 《북북서로 기수를 돌려라》, 또는 니콜라스 레이의 《그들은 밤에 산다》에서였다. 《센소》에서의 뛰어난 연기——종종 과소평가되는——에도 불구하고 1955년 이후에는 몇몇 예외적인 경우들을 제외하고는 배우로서 더 이상 활동하지 않게 된다. 마시모 지로티는 특히 《강박관념》 이래 연극과 영화 양쪽에서 눈부신 행보를 보인다. 게다가 향후 여러 차례 그러하였던 것처럼 비스콘티가 세르피에리 백작 역의 하인즈 무그와 특히 하녀인 라우라를 연기하는 리나 모렐리(비스콘티의 많은 영화에서 그녀가 조연을 맡은 것을 볼 수 있다)를 발탁한 것도 바로 지로티의 극단에서였다.

영화의 기원과 촬영

비스콘티는 《벨리시마》 때부터 결혼 제도를 비판하는 영화로 《결혼 행진》을 계획하고 있었다. 그런데 사회/정치적 환경이 별로 좋지 않은데다 룩스사 사장은 그에게 대형 스펙터클이면서도 동시에 수준 있는 작품을 요구하고 있었다. 그 와중에 수소 체키 다미코는 바사니가 그 당시 발표한 지 얼마 되지 않은 중편 중 하나를 제안한다. 감독이 이에 흥미를 갖게 되어, 그 결과 "사랑과 증오에 대한 영화"이자 역사 영화라고 할 수 있을 프로젝트가 기획된다.

원작의 각색 과정에서 많은 갈등이 있었는데, 결국 세 가지 버전이 제시되었다. 처음 두 개 버전의 경우, 보이토의 원작을 구성하는 플래시백이 유지되어 리비아로 하여금 자신의 이야기를 할 수 있게 해주는 것이었다. 그 중 첫번째 버전의 경우, 베로나의 '독립' 이후 병원에서 사촌 우소니에게 자신의 이야기를 하는 것으로 나오고, 두 번째 버전에서는 그녀의 참관하에 말러 중위가 사형되고 나서 그렇다.[3] 세번째 버전은 플래시백을 제거하고 있다. 세 경우 모두 보이토의 중편에서 단지 언급되기만 했던 정치 상황이 중심에 놓여지고, 1866년 여름에 발생한 사건들과 특히 쿠스토차 전투의 전개에 대한 일련의 연구 작업이 이루어진다. 사실 기본적 취지는 역사 영화를 만드는 것으로, 두 가지의 패배, 즉 쿠스토차 전투[4]에서 이탈리아의 패배와 프러시아 전투에서 오스트리아의 패배로 종결되게 하려고 했었다. 그러나 이 책에서 나중에 확인해 볼 수 있듯이, 당시 무척 바쁘게 움직이던 검열의 가위질이 시퍼렇게 살아 있었고, 제작 총책은 우려를 표명했다. "항의가 빗발쳤다. 룩스사, 정부, 검열 위 등…… 구알리노, 그 노인네, 나의 상관이자 아주 호인인 그가 촬영 현장에 왔었다. 내 뒤에서 그는 중얼거렸다. '위험해, 아주 위험해.'"

결론적으로, 삭제 대상이 되는 장면들은 기획 단계와 촬영 및 심지어 편집 후에도 주로 영화의 종결 방식과 쿠스토차 전투 전개에 관한 것이었다. 종결 방식과 관련, 오스트리아의 패배를 명백하게

---

3) 이 두 자료는 카발레로가 볼로냐의 카펠리 출판사에서 1955년에 발표한 후 1977년 재출간된 《센소》의 데쿠파주에 발표되었다.(pp.41-7)

4) 처음에 구상되었던 제목이기도 하다. 두번째 제목은 《여름의 폭풍우》이고, 《센소》는 더욱 대담해 보인다.

보여주는 대신 중위의 사형으로 끝을 맺도록 하고, 전투에서는 비스콘티가 공권력에 의한 혁명 '파르티잔들'의 숙청을 보여줄 수 없게 되었다. 그외 영화 상영 시간을 줄이기 위해 몇 장면들이 추가 삭제됨으로써 완성되었을 때 126분이었던 러닝타임은 배급시 115분으로 줄어들었다.

촬영은 전투 장면부터 1953년 8월 베로나 근처의 발레지오 술 민치오에서 개시된다. 그리고 9월과 11월 사이 비첸자 인근의 루고 디 로네고 마을에 있는 팔라디오 양식의 빌라와 베로나에서 계속된 후, 11월에 베니스의 페니체 극장에서 끝난다. 그후 보충 장면(특히 재촬영해야 했던 마지막 신)을 찍기 위해 로마에서 재개된다. 사전 준비를 집중적으로 했음에도 불구하고(자료 조사, 크로키 등) 촬영은 매우 오래(예정되었던 3개월 대신 9개월) 걸렸고, 힘든 것이었다. 특히 전투 장면이 돈과 에너지 소모를 야기했는데, 그로 인해 많은 기사들이 비스콘티의 정확성에 대한 요구가 발생시킨 비용과 촬영 분위기에 대해 써댔다. 한 제작자는 베니스 영화제 전에 《치네마》지에 발표된 〈대포 한 방에 1천 리라〉라는 제목의 기사에서, 엑스트라와 말을 조달한 과정, 아오스테 기병대들을 기용한 사실 등에 대해 자세히 묘사했다.

어찌됐든 "영화는 거의 완전한 모습으로 최종적이고 화려한 자태를 선보이고 있다. 그것은 우리 모두가, 그 누구를 막론하고, 확신에 찬 우리의 열정과 우리 개개인의 능력, 양심적인 장인으로서의 진실한 우리의 노력을 바친 영화다. 스타일이라는 것은 바로 이런 것, 한 작업 방식의 결과물을 두고 하는 말일 것이다."(비스콘티, 〈스

타일의 문제〉,《치네마》136호, 1954년 6월)

영화는 1954년 베니스 영화제에 출품된 이후 1955년 1월 28일 64개 이탈리아 도시에서 개봉되었고, 1956년 1월 26일에는 프랑스에서, 1957년 8월에는 영국에서(105분짜리 축소판), 그리고 1968년 6월이 되어서야 뉴욕에서 125분 버전으로 개봉되었다. 이 책을 위해 사용된 프린트는 이탈리아와 프랑스에서 개봉된 115분 버전이다.

■ ■ ■ ■ ■ ■ ■
배 경

《센소》가 1954년 9월 베니스 영화제에 소개되었을 때, 몇몇 기사들이 아리스타르코의 글(《치네마 누오보》지에 실린 기사 〈휘파람 부는 사자들〉)에서처럼 이탈리아를 대표하는 세 편의 우수작(나머지 두 편은 황금사자상을 수상한 카스텔라니의 《로미오와 줄리엣》과 펠리니의 《길》) 중 최고라고 평하였음에도 불구하고 관객과 심사위원단의 반응은 냉담했다. 그후 《센소》는 1955년 박스오피스에서 8위를 기록함으로써 감독에게는 "《센소》 이후 모든 것이 훨씬 순조로워진다." 영화를 둘러싸고 급속히 전개될 논쟁들은 당시 영화뿐 아니라 이탈리아 정치/문화계의 상황을 전반적으로 말해 준다.

《센소》와 네오리얼리즘의 위기

네오리얼리즘과의 관계에서 《센소》가 차지하는 위상은 '비스콘티 논쟁'을 야기하게 되는데, 이 논쟁은 개봉 직후의 열띤 반응이 가라앉은 지 한참이 지난 후에도 지속된다. 영화 재생을 의미하는 표현 자체이기도 한 이 운동은, 현실의 재현과 '미장센'의 거부를 축으로 삼아 이탈리아 영화 제작에 다시 활기를 불어넣었고, 1945년 이래 이탈리아 영화가 세계적으로 높은 명성을 자랑할 수 있게 해주었는데, 1950년대 초에 들어서면서부터 주춤하기 시작한다. '거장들' (로셀리니·데 시카·데 산티스)의 뒤를 이은 '아류들'이 변변치 못한 영화들을 다수 만들어 내고, 지안 피에로 브루네타에 따르면, 네오리얼리즘은 병들어 "소생(réanimation)실로 들어가야 하게 되었다." 한편 평단에서는 극단적으로 모순된 의견들을 내놓는다. "그것[네오리얼리즘]은 죽었다!" "아니, 그것은 살아 있다!" 1953년 12월 평론가들과 감독들을 한자리에 모은 파르마 집회에서는 이 혁신적이고도 사회주의적 경향의 운동이 위기를 맞아 흔들리고 있음을 감지할 수 있었다. 그러나 아직은 과거의 거장들(로셀리니, 《이탈리아 여행》《공포》)과 미래의 대가들(펠리니, 《작은 악당들》《길》), 코미디 (《빵, 사랑, 그리고 판타지》)와 멜로드라마의 공존 속에 영화계는 계속 전진한다(영화 제작은 1955년이 되어서야 감소하기 시작한다).

실제로 《무방비 도시》의 선언으로 탄생한 '네오리얼리즘'은 내부적 갈등과 논쟁의 대상이었고, 그 특수한 성격은 매우 다양한데다 토론의 대상이었다. 단순화시켜 보면, 1940년대 초부터 영화라는 작은 세계에서 중요하다는 것이면 모두 사회에 대한 성찰(정치적 측면을 포함한)의 측면에서 영화가 하는 역할에 관해 문제 제기를 했다고 볼 수 있다. 무솔리니식 영화의 시간을 초월한 '백색 전화'와 '칼리그라프' 스타일을 멸시했던 치네치타 실험센터 소속 단체들은 여러 가지 계획들을 구상하게 되고, 베르가 같은 '진실주의' 대가들을 토대로 할 수 있을 그런 '리얼리즘'으로의 회귀와, 특히 이탈리아의 비참한 현실들을 비난하면서 '증언 영화'를 발전시킬 것을 꿈꾼다. 감독들의 사회/문화적 출신과 개인적 선택이 어떠했든간에 그들의 탐색은 레지스탕스의 경험을 파고들었고, 사회/정치적 개혁에 대한 희망과 연관되었다. 그럼으로써 '네오리얼리즘적 시선'에 '좌파적' 색채를 가미했다. 이와 같은 내용상의 선택에 형식상의 원칙들이 추가되는데, 프랑스의 바쟁[5]은 그에 열광한다. 그 원칙들은 카메라의 움직임에 의해 살아나는 롱 쇼트를 편집보다 선호하고, 스튜디오 장식과 조명 효과를 거부하고, 심지어 전문 배우 기용을 피함으로써 "날것 그대로인 현실의 파편들"을 표현하는 것으로 간주된다.

공산주의 동조자들의 그룹과 긴밀한 관계를 맺으면서 동시에 자바티니와도 종종 함께 일했던 비스콘티는, 막상 네오리얼리즘이 인정받게 된 시기(1945-47)에 그곳에 없었음에도 불구하고 네오리얼리즘을 탁월하게 표현했다. 심지어 그의 첫 영화 《강박관념》은 미국 소설을 각색하고, 무솔리니 치하 영화계의 스타가 주연했음에도 불구하고 네오리얼리즘의 선구자격으로 간주되고 있다. 그는 민중과 직접 관련된 일상 생활에 천착하여 '사기꾼들'(《흔들리는 대지》의 생선장수들이나 《벨리시마》의 영화감독)을 고발하고, 또 실제 효과를 밀어붙여 시칠리아 섬에서 고유 방언을 사용하는 아치트레자의 어부들과 함께 촬영하는 데에까지 이른다.

---

5) André Bazin, 〈영화의 리얼리즘과 전후 이탈리아 영화계 Le réalisme cinématographique et l'école italienne de la Libération〉, dans Qu'est-ce que le cinéma?, Paris, Cerf, éd. 1981, pp.257-285.

이와 같은 맥락에서 《센소》는 마른하늘에 날벼락이었다. 감독은 이 영화에서 민중의 문제를 포기하고 대형 스펙터클의 전통으로 회귀하는 듯이 보였다. 이는 당시 베니스 영화제 위원장 키아리니의 비난이었다. 그는 영화의 유일한 흥미는 스타일에서 찾아볼 수 있고, 비스콘티가 영화보다는 스펙터클을 만들었다고 평가한다. 그에 의하면 감독이 이미 지나갔지만 아쉬운 과거를 향수를 가지고 돌아보고, 재현의 전통적인 형식들을 다시 사용함으로써 네오리얼리즘을 배신했다는 것이다. 어떤 이들은 《센소》의 거친 이야기 또한 비판했고, 또 어떤 이들은 역사적 맥락의 '피상적' 소개와 '긍정적 영웅'인 우소니 역의 미약함과 재현된 유일한 사건(쿠스토차 전투)의 '외면적(exterior)' 위상에 대해 놀라움을 금치 못했다.

영화에 대한 변호는 특히 《치네마 누오보》지의 편집장 아리스타르코를 중심으로 조직되었고, 그후 귀족들이 나오는 섬세한 연출에 잠시 어리둥절했던 공산주의자들을 포함해서 비스콘티의 정치 동료들에 의해 재개된다. 실제로 톨리아티는 다소 지나치게 부정적인 《우니타》지의 비평가들에게 영화를 다시 관람하기를 요청한다. 1954년의 한 기사는 《센소》가 "단지 필연적인 후퇴이자 상징적인 항의이기는커녕 네오리얼리즘의 변천에 있어서 하나의 이정표"라고 평한다. 얼마 후 아리스타르코는 영화에 대해 "진실하고 정확한 첫 이탈리아 역사 영화," 마르크스주의 철학자 루카스가 《역사 소설》에서 제안한 사상들을 모범적으로 영화화한 것으로 평가한다. 즉 구체적 인물들이 상이한 힘들간의 투쟁을 상징하고, 그럼으로써 그날 그날의 '연대기'(네오리얼리즘이 구현하는)가 비평적 분석으로서의 '역사'

(위대한 리얼리즘이 구축하는)로 화할 수 있게 해준다는 것이다. 그는 또한 내러티브의 비연속성을 지적하되, 그와 같은 단절이 "일부 검열에 의한 것이긴 하나 (…) 의도된 것이고, 결국 단점이라기보다는 비스콘티의 내러티브 방식의 특징"이라는 주장을 편다. 한편 리노 미치케 같은 다른 분석가들은 영화를 뮤지컬 드라마에 연계시켜 주는 특징들을 강조한다.

보수주의의 득세에 반하는 《센소》

사실 《센소》를 둘러싼 공방과 영화 탄생 자체, 그리고 검열의 개입에 따른 장애물들은 1950년대초 이탈리아의 분위기에서 쉽게 이해될 수 있다.

1953-54년 정치판은 민주 가톨릭당의 가장 보수적인 인사들의 전적인 득세로 점철되어 있다. 그들은 성직자들 다수와 가톨릭 운동(Action catholique) 단체들의 지지로 입지를 확고히 하고 있는 상황이었다. 4년간(1949-1953)의 중도파 집권으로 반동적 경향이 부분적으로 개혁의 시도들에 의해 상쇄되던 시기가 지나고, 당수 데 가스페리는 우파의 상승에 따라 자리를 내줘야 할 상황에 처한다. 우파는 정치적 · 사회적 부동주의, 나아가 역행적 태도를 보인다.

《센소》는 따라서 반동파들이 우위를 점하던 시기에 기획 · 촬영 · 상영된 것이다. 이와 같은 사실을 고려하면, 비스콘티와 그의 반파시스트 동료들의 실망 및 이탈리아 기존 체제에 대한 감독의 비판적 태도의 근거뿐만 아니라 베니스가 보여준 냉담한 반응의 이면에 자리한 정치적 동기와 검열상의 복잡한 절차들도 이해할 수 있다. 그 당시는 '미풍양속을 침해하는' 출판과 공연을 응징하는 헌법 제 21조가, 방탕하다고 하는 창작물뿐만 아니라(이런 측면에서 세르피에리 백작부인의 관능적인 열정은 영화에 조심스럽게 표현되었음에도 불구하고 마땅히 비난받을 만하다) 무엇보다도 기존 사회, 정치 질서를 문제삼는 작품들에 특별히 엄격하게 적용되던 시기였다. 비스콘티가 양보하여 이미 저자가 언급한 바 있는 삭제 사항들을 받아들여야 하게 되자, 제작자 카를로 폰티는 문화의 자유를 위한 협회 앞에서 다음과 같이 선언했다. "오늘날, 영화를 제작하고자 하는 사람이면 누구나 타협과 위협 및 온갖 종류의 압력으로 피폐된 토양 위에서 나아가야 한다……." 영화는 사실 이탈리아 문화 활동에 있어서 특별히 중요하고 영향력 있는 분야였다. 전후(戰後) 온갖 종류의 동아리들과 협회들이 생겨났고, 이들은 오락이라는 역할 말고도 영화에 사회/정치적 차원을 부여했다. 영화는 불현듯 "어떤 수단을 써서라도 그 힘을 제한하고자 하고, 또 그 행동이 우려되는 지식인들에게 가해지는 재판에서 희생양"이 되었다.

《센소》는 따라서 19세기 이탈리아의 통일이 실현된 방식을 비판할 뿐만 아니라, 특히 당대 이탈리아가 나아가는 방향에 대한 공격으로 읽히는 바람에 미움을 샀다. 비스콘티 자신이 1953년에 다음과 같이 강조한 바 있다. "《센소》에는 다른 이들에게 전달할 수 있는 재료가 있다. 이해하기를 원하는 자들뿐 아니라 이해하지 못하는 척하는 자들을 위한 담화. 1866년 사람들의 옷 입는 방식이 달랐다고 하지만, 문제점과 상황은 그 이후로 변하지 않았다. 《센소》는 우리 자신의 이야기일 수도 있을 것이다. 그와 같은 연유로 이 영화를 선택했다." 실제로 영화는 '좌파 전선'과 우파 장벽 간의 싸움에서 하나의 역할을 할 뿐만 아니라 각 진영 내부에서도 이견을 불러일으킨다. 한쪽 진영에서는 네오리얼리즘의 깃발 뒤에서 피난처를 찾았는데, 《비앙코 에 네로》지는 영화에 대해 "보잘것없는 기법"이라고 평한 반면 《치네마 누오보》지는 영화를 옹호했다. 반대편 진영, 특히 가톨릭파에서는 비판이 약간 누그러진 양상을 띤다. 1954년 치빌리타 카톨리카에 의해 출간된 《베니스 영화제 총결산》은 영화가 "줄거리와 캐릭터면에서 진실성이 떨어진다"고 비판하는 한편, "의심할 바 없이 19세기 최고라고 할 만한 회화적 가치가 풍부하다"고 평가한다. 이것이 아마도 영화가 갖는 힘에 대한 증거일 것이다. 그 힘은 나중에 만장일치로 인정받는다.

■■■■■■■
줄거리 요약

1866년 봄, 아직 오스트리아의 점령하에 있지만 이탈리아 해방 운동으로 동요하는 베니스.

페니체 극장에는 오스트리아인과 이탈리아인 관객들이 운집하여 베르디의 오페라 〈일 트로바토레〉를 관람하고 있다. 테너가 무기를 들자고 외치면서 3막의 끝을 맺자 민족주의적 소요가 발생한다. 극장 꼭대기 자리에서 함성이 솟아나고, 전단지와 삼색 부케가 흩뿌려진다. 한 젊은 오스트리아 중위(프란츠 말러)가, 이탈리아인들이 정치를 색종이 조각과 만돌린 소리로 전화시키는 방식에 대해 비웃는다. 이탈리아 애국지사(우소니 후작) 한 명이, 복스석에서 처음부터 그 장면을 바라보고 있던 한 귀족부인 앞에서 그에게 결투를 신청한다.

우소니는 사실 그 부인의 사촌이자 베니스 저항 운동 조직의 간부 중 한 명이다. 그녀는 그의 도전이 불행한 결과에 이르지 않도록 하려 하고, 남편이 오스트리아측에 봉사하는 고위공무원인 덕택에 말러 중위를 소개받을 수 있게 된다. 백작부인은 말러가 그녀를 안심시키고, 특히 그녀의 마음을 뒤흔들어 놓은 나머지 집으로 돌아가

기로 결정한다. 집에서 그녀는 우소니 후작이 막 구속되었다는 소식을 듣게 된다. 다음날 저녁, 그가 1년 예정으로 망명길에 오르기 전 작별 인사를 하기 위해 찾아갔던 그녀는 말러와 마주친다. 그는 통금을 핑계로 그녀의 뒤를 쫓아온다. 둘은 밤새 고적한 베니스를 돌아다니고, 처음에 화를 내던 백작부인은 겉으로 주저하면서도 유혹에 몸을 내맡기게 된다.

나흘이 지난 후 중위를 찾아가 감각적 쾌락에 눈뜨게 되는 밀애를 감행하는 것은 그녀인 반면, 남자는 금방 시들해진다. 어느 날 오후 말러는 약속을 어기고, 그녀는 그의 숙소에까지 찾아갔다가 그와 함께 사는 군인들의 비꼼의 대상이 되며, 자신이 선물했던 소중한 펜던트를 그가 팔아 버렸다는 것을 알게 된다.

그러나 리비아는 정신을 못 차리고, 전쟁의 위협으로 인해 세르피에리 백작이 지방(알데노)에 있는 저택으로 떠나기로 결정한 때에 24시간의 유예 기간을 얻어낸다. 그녀는 결사적으로 중위를 다시 만나기 위해 애쓰는데, 그때 한 정체 모를 전령이 그녀를 찾으러 온다. 조심성 없게도 그녀는 급히 집을 떠나고, 남편이 그뒤를 쫓는다. 따라온 남편에게 그녀는 애인이 있다고 고백한다. 그런데 전령을 보낸 사람은 우소니였고, 그는 그녀에게 이탈리아 파르티잔들의 전투에 귀중하게 쓰여질 재원을 담은 상자를 맡긴다.

다시 장면이 전환되어 알데노로 돌아와, 리비아가 회복되어 가는 듯한 모습이 보인다. 그러나 프란츠 말러가 다시 나타나고, 백작부인의 열정은 전보다 더 강하게 불붙는다. 그녀는 중위와 밤을 보내고 난 후, 위험을 무릅쓰고 그를 헛간에 숨겨 주기로 결정한다. 무엇보다도 그녀는 빠른 제대를 위한 군의관 매수라는 그의 제의를 받아들인다. 그래서 그녀는 이탈리아 파르티잔들의 돈을, 그들이 베니스 해방을 위한 전투에 참가하기 위해 필요로 하는 바로 그때 그에게 넘겨 버린다.

이탈리아인들이 그들의 희망에도 불구하고 오스트리아측에 패배하는 쿠스토차 전투가 벌어지는 동안 그녀는 말러가 보낸 편지만을 생각한다. 그는 그녀에 대한 사랑을 맹세하면서도 그가 제대 후 정착한 베로나로 찾아오지 말 것을 권고한다. 하지만 그녀는 떠나기로 결정하고, 프란츠가 어린 창녀 클라라와 함께 있는 장면을 목격하게 된다. 더럽고 술 취한 남자는 그녀가 얼마나 그녀의 '낭만적 사랑'의 착각 속에서 살아왔는지를 보여주며 그녀를 모욕한다. 그 자신은 비겁자일 뿐이며, 그것을 후회하지 않는다고. 왜냐하면 오스트리아가 일시적 승리를 거두기는 했지만 결국 전쟁에서는 패배할 것이며, 전쟁과 함께 그들이 속했던 귀족의 세계도 사라질 것이기 때문에.

절망에 빠진 채 프란츠의 히스테리컬한 웃음과 욕설에 쫓겨 달아난 백작부인은 오스트리아 사령부로 향한다. 그곳에서 그를 고발함으로써 구속되게 하는 동시에, 사령관의 멸시 대상이 된다. 영화는 어둡고 인적 없는 길 사이로 프란츠의 이름을 외치며 방황하는 리비아의 모습과 말러의 짧은 처형 장면으로 끝을 맺는다.

시퀀스를 따라서

이 장에서 시퀀스 설명은 우선 첫 문단에 해당 시퀀스의 시공간적 구성과 이전 시퀀스와의 관계(시간적 그리고(혹은) 논리-디에제스적 연관성) 및 간단한 내용 분석을 선행적으로 담고 있다.

영화의 데쿠파주

● **시퀀스 1. 페니체 극장의 저녁**(16분 32초)

내부-밤. 페니체 오페라 극장의 무대, 객석, 복스석, 복도 및 베네치아풍 궁궐의 입구 로비를 교대로 보여준다. **생략에 의한 연속성으로 매우 강한 시공간적 단일성이 확보된다.**

자막(1분 17초) ― 무대 위에서 만리코와 레오노라가 〈일 트로바토레〉 3막의 끝을 장식하는 사랑의 듀엣을 부르는 동안 스크린에 크레디트 및 정확한 시대와 공간을 제시하는 글이 뜬다.

1a.(4분 40초) ― 무대(테너가 어머니를 구하러 가기 위해 무기를 들

자고 외치고 있다)와 객석 교차. 객석에는 오스트리아 군인들과 이탈리아 시민들이 섞여 있는 듯하다. 막간 동안 이탈리아 해방을 위해 예정되고 조직된 것으로 보이는 시위가 벌어지고, 결국 결투 신청으로 치닫는다. 애국지사 우소니가 리비아 세르피에리 백작부인이 보는 앞에서 말러 중위에게 도전한다. 객석과 복스석의 교차. 복스석에는 백작부인이, 비록 남편은 점령군에 협력하고 있지만 이탈리아를 위한 저항 시위에 호감을 갖는 듯한 모습이다.

 1b.(2분 20초) — 리비아가 페니체 극장 복도로 나온다. 과거형으로 상황을 설명하는 그녀의 보이스 **오버**가 겹쳐진다. 그녀는 중앙 계단 밑에서 우소니와 만나 그의 부주의함을 나무란다. 한편 복스 좌석에서 오스트리아 정부당국자들의 비난의 표적이 된 세르피에리 백작은 몇몇 선동꾼들의 소동일 뿐이라며 시위의 중요성을 최소화한다.

 1c.(6분) — 좌석으로 돌아온 리비아는 사촌을 돕기 위한 시도로 말러 중위를 소개시켜 달라고 한다. 중위가 도착하고, 레오노라가 감금된 만리코에 대한 사랑을 노래하는 〈일 트로바토레〉 4막이 시작된다. 복스석과 객석의 교차. 백작부인의 드러난 어깨와 가슴을 흥미롭게 쳐다보면서 젊은 남자는 결투는 일어나지 않을 것이라고 명백히 한다. 불편함을 느낀 리비아는 남편과 함께 자리를 뜬다.

 짧은 시간 생략을 표현하는 오버랩.

 1d.(2분 15초) — **궁궐 로비; 이어지는 장면**. 세르피에리 부부는 두 친구의 집을 방문하고, 리비아는 우소니의 구속 사실을 알게 된다. 그녀는 남편의 도움을 청하지만 그는 거절한다.

페이드 아웃(암전); 생략, 24시간.

● 시퀀스 2. 베니스에서의 밤(11분 21초)

내부 이어서 야외, 밤; 오버랩에 의한 생략들로 연속성 유지; 시퀀스 1과 순차적(다음날임).

2a.(58초) ─ 리비아의 보이스 **오버**가 들리는 가운데 그녀가 이탈리아 파르티잔들이 모여 있는 방에 도착하는 모습이 보인다. 그녀는 우소니에게 작별 인사를 하고, 그는 리비아를 포옹한 후 유죄 선고를 받은 자들의 종대에 합류한다.

오버랩

2b.(1분 43초) ─ 텅 빈 방에서 리비아는 말러를 만나는데, 그는 아주 정중한 말투를 사용하면서 우소니가 그녀의 애인이라는 사실을 말하지 않았음을 나무란다. 그는 통금령이 내린 베니스 거리를 동행하여 바래다 주겠다고 제안하고, 브루크너의 〈제7교향곡〉이 흐르기 시작한다.

오버랩, 계속되는 음악.

2c.(3분 49초) ─ 다리를 지나 둑과 버팀목; 말러는 리비아를 따라가고, 그녀의 저항과 함께 음악이 멈춘다. 그러나 그녀는 살해당한 오스트리아 군인을 발견하게 되고, 말러는 리비아를 근처 집의 처마 밑에 숨기면서 그녀의 얼굴 위에 드리워진 베일을 걷어올린다. 그러는 동안 지나가던 순찰차가 시체를 싣고 간다. 여자가 말러에게 감사해하자 **off** 공간에서 다시 음악이 흐르기 시작하고, 그녀는 우소니가 애인이 아니며, 다만 자신은 국가를 사랑할 뿐이라고

분명히 밝힌다.

오버랩, 계속되는 음악.

2d.(24초) ― 브루크너의 음악과 보이스 **오버**의 재개 속에 베니스 산책.

오버랩, 계속되는 음악.

2e.(3분 53초) ― 둘은 우물 가까이에 도착하고, 그곳에서 말러는 자기 자신에 대해 이야기하며, 전쟁에 대한 반대 입장을 표명한다. 그는 깨어진 거울 한 조각을 줍는다. 그리고 음악이 멈추자 죽음과 사랑에 대한 하이네의 시 몇 구절을 읊고 나서 리비아를 껴안고 차후 만날 약속을 청하지만 거절당한다(주제 음악 재개).

오버랩, 계속되는 음악.

2f.(34초) ― 베니스의 아침, 멀리서 뒷모습이 보이는 두 사람, 서로 헤어진다. 주제 음악이 흐르는 가운데 보이스 **오버**가 다시 들리기 시작한다.

페이드 아웃; 계속되는 음악; 생략, 4일.

●시퀀스 3. 말러를 찾아가는 리비아(11분 21초)

야외 이어서 내부, 낮; 베니스, 오스트리아 장교들의 숙소; 연속성; 시퀀스 2와 순차적 관계.

리비아는 중위를 찾아간다. 브루크너의 음악이 흐르고, 자신의 보이스 **오버**가 겹쳐지는 가운데 그녀는 다리와 광장을 지난다. 그는 그녀를 맞이한 후 베일을 걷어올려 입에 키스를 한다. 이때 주제 음악이 재개되었다가 리비아가 계단에 도착할 때 멈춘다.

오버랩, 계속되는 음악.

독립 쇼트(10초) — 베니스, 야외, 낮, 음악과 보이스 **오버**가 들린다. 막연한(비확정적인) 생략 표현.

오버랩, 계속되는 음악.

● 시퀀스 4. 리비아와 말러의 사랑(5분 58초)

내부, 낮; 베니스의 침실; 연속성; 시퀀스 3과 순차적 관계 미약.

사랑을 나눈 후의 리비아와 말러. 둘이 그들의 관계에 대해 이야기를 나누는 동안 브루크너의 음악이 계속 흐르고, 그 음악은 프란츠가 리비아의 코르셋줄을 묶어 줌으로써 그녀가 옷을 다시 입는 것을 도와 주지만 머리핀을 갖다 주는 것은 거절할 때에 이르러서야 멈춘다. 그녀는 자신의 의존하는 마음을 고백하며 펜던트 안에 머리칼 한줌을 넣어 말러에게 선물한다(주제 음악 재개).

오버랩, 계속되는 음악.

● 시퀀스 5. 말러에게 버림받은 리비아(4분 41초)

내부, 낮; 베니스, 방에 이어 오스트리아 장교들의 숙소; 시간 생략을 나타내는 오버랩으로 두 장면 연결; 시퀀스 4와 순차적 관계 미약.

5a.(1분 25초) — 리비아는 텅 빈 방에서 서성거리고, 음악이 멈추면서 보이스 **오버**가 시작된다. 그녀는 자신을 잘 아는 집주인에게 물어본 후 집세를 지불하고 나간다.

오버랩.

5b.(3분 16초) ― 리비아는 말러를 찾으러 그의 숙소로 향한다. 그곳에는 젊은 장교들만이 합창으로 슈베르트의 가곡(〈보리수〉)을 낮은 목소리로 부르고 있다. 그들은 말러의 외박하는 습관을 비꼰다. 당번병이 내의를 세는 동안 리비아는 기다리려고 앉는다. 브루크너의 음악이 다시 흐르자, 그녀는 시퀀스 4에서 그녀가 주었던 머리카락 한줌을 발견한다. 펜던트는 사라지고 없다.

버려진 머리카락을 꽉 쥐는 리비아의 손 위로 페이드 아웃; 음악 멈춤.

●시퀀스 6. 우소니에게 구원받은 리비아(8분 49초)

오버랩으로 표현되는 생략법에 의해 구분되는 일련의 장면들. 시퀀스 5와 순차적 관계. 같은 날, 그리고 다음날.

6a.(58초) ― 내부, 낮. 리비아는 집으로 돌아가고, 그녀가 도착했을 때 남편은 전쟁의 임박함을 보고서 지방으로 떠나기로 결정한 참이다. 보이스 오버 재개.

오버랩.

6b.(1분 13초) ― 야외, 낮. 말러를 찾고 있는 리비아는 그의 중대가 숙영지를 바꿨음을 알게 된다.

오버랩.

6c.(2분 5초) ― 내부 이어서 야외, 밤. 리비아는 비에 젖은 채 녹초가 되어 집으로 돌아온다. 브루크너 음악의 라이트 모티프가 재개되면서, 리비아는 현관 로비에서 하녀가 미지의 전령이 왔다가면

서 남긴 약속에 대해 듣는다. 브루크너의 〈교향곡〉을 배경으로 백작부인은 급하게 다시 떠나는데, 그뒤를 남편이 미행한다. 음악은 이때 매우 극적이다.

오버랩, 계속되는 음악.

6d.(4분 33초) — **내부, 밤.** 층계참과 이어서 문이 닫혀 있는 방. 고백 장면. 리비아는 남편을 밀쳐낸다. 문이 열리고, 이탈리아 파르티잔들이 모여 있는 게 보인다. 우소니가 리비아를 껴안을 때 음악이 멈춘다. 백작은 그때를 이용하여 어제의 반란군이었지만 내일의 승자가 될 것으로 보이는 그들에게 보호를 요청한다. 우소니는 혁명군의 돈을 알데노 저택에 안전하게 보관하기 위해 리비아에게 맡긴다. 이어서 브루크너의 음악이 재개되면서 그는 파르티잔들의 승리에 대한 확신을 보인다.

페이드 아웃.

독립 쇼트 (30초) – **보이스 오버와 함께 알데노의 외경.**

페이드 아웃.

●**시퀀스 7. 프란츠의 귀환**(8분 49초)

내부, 밤; 알데노, 리비아의 침실과 입구 로비; 연속성; 이전 장면과 순차적 연관성 불명확.

7a.(5분 25초) — 리비아는 개 짖는 소리와 사람들이 부르는 소리에 잠을 깬 후 방 발코니에 있는 프란츠를 발견한다. 그는 그녀에 대한 사랑 때문에 돌아왔다고 주장하고, 브루크너의 음악이 다시

흐른다.

7b.(1분) — 백작부인은 방 밖으로 나가 하인들과 정원을 뒤지라고 명령한 백작을 안심시킨다.

7c.(4분 33초) — 방으로 돌아온 그녀는 얼마 저항하지 못하고 중위에게 넘어가고 만다. 브루크너의 아다지오가 흐른다.

오버랩, 계속되는 음악.

● **시퀀스 8. 말러를 숨겨주는 리비아**(6분 27초)

내부, 낮; 침실, 이어서 일렬로 늘어선 문들, 그리고 헛간; 오버랩으로 표현되는 생략에 의한 연속성; 시퀀스 7과 순차적 관계(다음날 아침).

8a.(2분 33초) — **조명 효과로 램프 위로 불이 꺼지면서 시간 생략.** 이른 아침, 리비아는 프란츠를 알데노에 숨기기로 결심한다(그녀가 말할 때 음악이 멈춘다).

오버랩.

8b.(3분 54초) — 그녀는 그를 헛간으로 데려가고, 그곳에서 그는 제대를 위해 의사 진단서를 살 수 있는 가능성을 암시한다(이때 다시 브루크너의 음악이 흐른다[6]). 리비아가 나가고 말러는 혼자 남는다.

오버랩.

---

6) 이 장면의 음악과 관련해서는 다소 문제점이 있다. 프랑스 더빙판에 녹음된 브루크너의 소절은 원판에는 존재하지 않는 것이다.

● 시퀀스 9. 전쟁으로 위협받는 두 사람(6분 12초)

야외 이어서 내부, 낮(계단과 헛간, 입구 로비와 침실); 오버랩으로 표현되는 생략에 의한 연속성; 시퀀스 8과 강한 순차적 관계(오전).

9a.(2분 42초) — 밖에서 백작과 정원사들은 지난밤의 사건, 오스트리아군이 지나간 것, 그리고 들판에 발생한 화재에 대해 이야기한다. 더 잘 살펴보기 위해 모두 헛간으로 내려간다. 겁에 질린 리비아는 경악과 안심의 교차 속에 헛간이 비어 있음을 발견한다.

오버랩.

9b.(3분 30초) — 다시 돌아와 아래층에서 리비아는 하녀 라우라로부터 프란츠가 자기 방에 숨어 있다는 사실을 알게 된다. 현관에서 그녀는 이탈리아 파르티잔의 일원인 루카를 맞이해야 한다. 그는 전투 준비를 위해 필요하다고 하면서 돈이 든 상자를 요구한다. 그녀는 저녁 때 다시 오라고 부탁한다. 백작은 하루 동안 동정을 살피러 다녀오기로 결정한다. 프란츠를 찾아갔던 리비아는 남편에게 인사하러 나왔다가 주제 음악이 흐르면서 다시 침실에 있는 애인에게 합류한다.

오버랩, 계속되는 음악.

● 시퀀스 10. 혁명을 배반하는 리비아(6분 21초)

내부, 낮, 침실, 복도 및 거실 이어서 야외, 밤; 생략에 의한 연속성; 시퀀스 9와 순차적 · 논리적-디에제스적 관계.

브루크너의 아다지오가 흐르는 가운데 리비아는 말러의 제대 가능성에 관한 이야기를 다시 꺼낸다. 그녀는 파르티잔들의 돈을 말러에게 주기로 결정한다(잠시 멈췄던 음악 재개). 중위는 그녀를 따라 방 한군데로 들어가서 상자에 들어 있던 금화를 열에 들떠 움켜쥔다. 라우라가 도착함으로써 감격의 흥분과 음악이 멈춘다. 그녀는 백작과 루카가 돌아왔음을 알리고, 그 방에 혼자 남게 되자 땅에 남아 있던 금화 한 닢을 냉큼 줍는다.

긴 회랑. 프란츠가 떠나고(브루크너의 음악의 재개), 보이스 **오버**가 들리는 가운데 리비아가 비틀거리며 벽에 기대는 모습이 보인다. **커트.**

● **시퀀스 11. 쿠스토차 전투**(10분 37초)

야외, 낮; 전투 지역과 알데노의 교차로 불연속적인 내적 시간성; 시퀀스 10과 명백한 관계 부재.

11a.(3분 35초) — 배경이 갑자기 바뀌어 리소르지멘토의 노래를 부르면서 파랑 유니폼을 입은 이탈리아 군대가 떠나고 있는 한 마을이 보인다. 민간인 복장의 우소니가 나타나서 전장에 합류할 수 있는 허가를 얻는다. 그는 차에 타서 군인들과 건초를 들여다 놓는 농부들로 꽉 메인 길들을 지난다. 다른 마을에 도착한 그는 전장에 대한 보다 정확한 정보들을 얻고 나서 직접 운전대를 잡는다.

오버랩.

11b.(2분 30초) — 전선에 도착. 군인들이 이탈리아 국기를 펼치고 싸우러 나가는 모습.

커트.

11c.(1분 40초) — 리비아가 알데노의 어떤 집 처마 밑에 서 있다.

그녀의 보이스 **오버**가 프란츠로부터 막 도착한 편지에 대해 설명한다. 브루크너의 음악 재개.

한창 타작중이던 농부들이 이탈리아에 환호를 보내고, 루카가 지휘하는 파르티잔들이 겁먹은 리비아에게 상자 속의 돈을 내놓으라고 재촉하러 온다. 그녀는 우소니의 지시가 없었다면서 피한다.

커트.

11d.(2분 52초) ─ 전장, 제복을 다시 착용한 우소니 후작의 도착. 그는 부상자 수송대 및 퇴각하는 이탈리아 군인들과 마주친다. 포병들이 퇴각군을 엄호하고 있는 각면 보루에까지 올라간 우소니는 부상을 당한다.

커트.

●시퀀스 12. 리비아의 출발(4분 13초)

야외, 낮 이어서 밤; 외부를 보여주는 전경 쇼트들과 마차 안을 보여주는 근접 쇼트들이 교대로 오버랩으로 이어진다; 시퀀스 11 과 순차적 관계 미약.

브루크너의 음악(시퀀스 끝까지 계속되는)과 보이스 **오버**의 재개 속에 마차 한 대가 출발하는데, 곧 그 안에 리비아가 여전히 보이스 **오버**로 프란츠의 편지를 재음미하는 모습이 보인다. 빛의 변화에 의해 하루가 지나가는 것이 야외 쇼트들에 의해 표현되고, 마차가 도착하면 밤이 되어 있다. 경비대는 백작부인이 이름을 말하자 통행증 없이 마차를 지나가도록 해준다.

페이드 아웃.

●시퀀스 13. 프란츠의 폭로(12분)

내부, 밤; 베로나에 있는 프란츠의 집; 연속되는 장면; 시퀀스 12에 이어지는 순차적이자 논리적−디에제스적 장면.

브루크너의 음악이 잠깐 들리면서 검정색으로 차려입고 베일을 쓴 리비아가 말러의 집에 도착한다. 실내복을 입은 말러가 조심스럽게 방문을 닫고 나와, 백작부인에게 역정을 내며 자신을 비겁자이자 탈영병으로 만들었다고 비난한다. 그의 정신나간 듯한 웃음소리는 외화면 영역에서부터 들려오는 여자의 목소리에 의해 중단되고, 리비아는 그 소리에 경악한다. 하얀 속치마를 입은 창녀 클라라가 방에서 나온다. 말러는 리비아를 모욕하며 베일을 벗겨 버린 후, 백작부인에게 마실 것을 갖다주라고 클라라에게 강제로 명한다(음악이 짧게 두 번 재개된다). 프란츠는 자신이 사는 방식을 설명함으로써 그녀가 착각하고 있음을 분명히 하고, 오스트리아와 그들이 속한 귀족 세계의 멸망을 강조한다(여기서 다시 음악이 흐른다). 그는 우소니의 주장들을 인정하지 않는다. 리비아는 그녀를 '화냥년'으로 취급하는 프란츠의 웃음소리에 쫓겨 도망친다.

커트.

●시퀀스 14. 리비아의 고발(6분 27초)

야외, 내부 이어서 야외, 밤; 베로나의 길들과 오스트리아군 사령부; 오버랩으로 표현되는 생략에 의한 연속성; 시퀀스 13과 순차적 관계.

14a.(1분 39초) — 수차례의 오버랩. 술 취한 병사들과 창녀들로

들끓는 어두운 길을 방황하는 리비아. 오스트리아군 장교들 및 그들의 목소리로 가득 찬 휘황찬란한 대기실에 있는 리비아.

오버랩.

14b.(2분 40초) — 사령관실에 찾아간 그녀는 말러의 탈영 사실을 고발하고(브루크너의 음악 재개), 사령관의 경멸을 받으며 밖으로 내몰린다.

오버랩.

14c.(2분 8초) — 리비아는 사령부의 계단을 내려오고, 그녀 주변에서 독일어로 내려지는 명령 소리 가운데 말러의 이름이 들린다. 다시 일련의 오버랩으로 병사들이 귀찮게 하는 길가에서 방황하는 리비아가 보인다. 길에는 어느덧 인적이 드물어진다. 리비아 혼자 매우 어두운 벽을 따라 걸으며 "프란츠, 프라안츠, 프라아안츠!"라고 소리 지르기 시작한다. 이에 맞춰 그녀의 방황과 함께 들리기 시작했던 주제 음악이 멈춘다.

커트.

●시퀀스 15. 에필로그, 프란츠의 처형(1분 40초)

야외, 밤, 베로나; 연속되는 장면; 시퀀스 14와 순차적이고 논리적-디에제스적 관계.

북소리, 횃불, 합창; 말러는 강제로 군인들에게 끌려나와 벽에 얼굴을 붙인 채 총살당한다. 광장에서 사람들이 빠져나간다. 브루크너의 음악이 끝(엔딩)이라는 단어가 나오기 직전에 다시 들리기 시작하여 엔딩 자막이 끝날 때까지 지속된다(1분 24초).

구조, 행위, 극작법

영화의 전반적인 구조는 복잡하다. 이야기는 주저하고 제자리걸음을 하는 듯하다. "그것은 분리된 블록들과 축적에 의해서지, 전진에 의해서 나아가는 것은 아니다……. 규칙적으로 리비아의 보이스 **오버**로 시작되는 각 시퀀스는 부동적 상황들에 대한 무기력한 분석의 기회를 제공한다. 촬영 각도, 카메라의 굽이치는 움직임, 때로는 선명하고 빛나는 때로는 깊이감 있는 색채들, 인물들의 정교한 대사들……은 화려한 스펙터클이 잠시 정지하는 순간들을 구성하는 데 기여하지만 발전을 위한 선을 구축하는 데는 도움이 되지 않는다"라고 이탈리아의 디 지아마테오는 말했다.

실제로 영화는 보이스 **오버**를 사용하여 내레이션 주체를 이중화한다. 보이스 **오버**는 이따금씩 끼어들어 이야기 전개를 유도하는 것처럼 보이지만, 그 기원이 어디인지는 알 수 없다. 한편 시간의 연속성과 행위의 연속성에는 끊임없이 구멍이 뚫리고 균열이 생김으로써 시간이 통제되지 못하기 때문에 행위가 불가능하다는 인상을 주게 된다. 게다가 시점이 부과됨으로써 인물과 사건으로부터 거리가 생기는 관객들은 꼭두각시로 화한 인물들의 행위와 감정(사랑에 의한, 또는 정치적인)에 대해 비판적인 해독을 하게 된다. 《센소》는 단조로운 이야기보다는 돌발 사태와 반복-변주에 의해 박자가 맞춰지는 드라마를 연상시킨다. 반복-변주는 거울처럼 영화의 두 부분을 반사하고, 이야기가 그 자신 위로 포개지도록 한다. 반복-변주는 주인공들에 의해 통제되지 못하는 닫힌 세계를 구축하며, 이야기 주인공들의 운명은 처음부터 봉인되어 있다.

4막으로 구성된 연극: 운명의 힘

'막'으로 이루어진 구조는 영화에서 전혀 예외적인 것이 아니다. 이는 프랑시스 바누아가 시나리오 구성에 있어서 관례적인 '극작법 장치들'을 소개할 때 환기시킨 바 있는 사실이다.[7] 그러나 이 영화의 경우 연극 및 오페라 연출가이기도 했던——특히 1954년에 마리아 칼라스와 함께 스폰티니의 오페라 《라 베스탈레》를 무대에 올린——비스콘티에 의해 공공연히 그와 같은 구조가 노출되어 있다. 게다가 영화가 보여주는 '오페라' 형식은 자주 강조되어 온 측면으로, 영화 구조는 물론 음악 사용에 있어서 엿보이는 특징이다. 이는 〈일 트로바토레〉 공연을 배경으로 페니체 극장에서 전개되는 첫 시

---

7) Francis Vanoye, *Scénarios modèles, modèles de scénario*, Paris, Nathan, 1990, chapitre 2, 〈장치 제안으로서의 시나리오 Le scéario comme propositions de dispo-sitifs〉, pp.89-96.

퀸스의 직접적인 인용의 경우를 제외하더라도 해당되는 사항이다. 이와 같이 《센소》는 이탈리아적 의미로서의 '**멜로드라마**(melo-dramma)' 속 '**멜로드라마**'를 전개시킨다(이때 '멜로드라마'는 '음악을 동반하는 드라마틱한 행위'로 이해될 수 있는데, 그렇다고 해서 비극이 타락한 형식으로서의 '멜로드라마(mélodrame)'적 특징을 영화에 부여할 수 없는 것은 아니다).

따라서 《센소》의 4막 구조를 다음과 같이 요약해 볼 수 있다.

제1막 : 도입부

시퀀스 1(16분 32초):

1a ─ 도전

1b ─ 상황에 대한 정보

1c ─ 만남

1d ─ 극의 절정: 우소니의 감금

페이드 아웃.

제2막: 사랑 이야기

시퀀스 2 - 6(33분 38초)

2 ─ 대면: 유혹

페이드 아웃.

3 ─ 요구

4 ─ 사랑

5 ─ 버림받음

페이드 아웃.

  6 ― 극의 절정: 우소니의 귀환에 따른 재개

페이드 아웃.

막간(페이드 아웃 두 개 사이에 놓인 알데노 쇼트)

제3막 : 배반

시퀀스 7-11(41분 25초)

  7 ― 대면: 새로운 유혹 장면

  8 ― 희망

  9 ― 위험

10 ― 배신

11 ― 전투 : 극의 절정, '포위된' 리비아

커트.

제4막: 해결

시퀀스 12 ― 15(24분 20초)

12 ― 추적

페이드 아웃.

13 ― 대면: 폭로

14 ― 급전환: 고발

15 ― 에필로그: 처형

제1막 — 베니스, 페니체 극장

영화의 시작을 알리는 서곡(⟨일 트로바토레⟩의 3막 종결부 재현) 이후, 시위와 만남이라는 두 사건은 리비아가 막간에 나감으로써 구분된다. 막간에 그녀와 우소니 간의 짧은 대화는 상황에 대한 몇 가지 정보를 제공한다. 첫 두 장면은 영화가 충분히 보여주는 반면, 오버랩으로 표현되는 생략이 있은 후에는 우소니의 구속 사실을 '전령이 전하는 소식'의 형태로 언급하고, 그 내용의 경우 세르피에리 백작에 의해 밝혀지도록 하는 데 그친다. 극을 구축하고 영화 내내 서로 얽히게 되는 두 가지 모티프를 수립하기 위한 주요 사항이 전개된다. 우선 이탈리아와 오스트리아 간의, 새로운 사상과 구세계 간의, 그리고 우소니의 말러에 대한 도전으로 구체화되는 마찰의 모티프가 있다. 다음으로는 정열이 있는데, 검은 명주 망사로 기계적으로 가린 백작부인의 눈부신 어깨와 가슴을 향한 말러의 집요한 시선이 그녀에게 유발하는 불편함을 통해 그 시초를 예감할 수 있다. 마지막으로, 리비아가 행동할 수밖에 없도록 하는 '돌발 사태'가 있다. 영화의 처음 막간은 이미지 트랙에 쉼표를 찍어 주는 첫 페이드 아웃에 의해 표시된다.

제2막 – 베니스

제2막은 한 '러브 스토리'의 전 과정을 보여주는데, 새로운 돌발 사태로 끝을 맺음으로써 행위의 재개——또다시 리비아가 행동하도록 하는——를 가능케 한다. 이 막은 사랑 이야기에 대한 일종의 서곡으로 시작한다. 인적은 없지만 보호받는 도시에서의 긴 산책이 리비아로 하여금 의무의 감정에서부터 욕망의 유혹으로 넘어가도록 한다. 페이드 아웃이 이 서곡과 애정 행각의 의무적인 단계들(시작 · 중간 · 끝)을 구분해 준다. 이 단계들은 세 개의 시퀀스로 나누어진다. 첫번째 시퀀스는 유혹에 넘어가는 백작부인의 자발성을 보여준다. 두번째 시퀀스는 사랑하는 연인 사이의 **클라이맥스**(밤을 보낸 후 침대에서의 모습)를 보여주되 그 종말을 예감케 한다. 종말은 리비아의 버림받음으로 즉시 발현되고, 이런 상황은 약속 장소에서 그를 기다리는 그녀의 모습과, 이어서 말러가 묵는 숙소에서의 실망에 의해 이중으로 연출된다. 짧은 애정 행각의 종말은, 어지러운 세면대에 말러가 아무렇게나 버려두고 떠난 머리칼을 쥐고 있는 리비아의 손을 점차 사라지게 하는 페이드 아웃에 의해 확고해진다.

그러나 행위를 재개시키는 것이 필요하다. 시야에서 사라졌던 정치 상황이 첫 돌발 사태를 가능케 한다. 전쟁이 임박함에 따라 떠나야 하게 되자, 리비아는 마음의 격동으로 모든 신중함을 잃고 남편의 의심에도 불구하고 절망적으로 사라져 버린 애인을 찾아 달려나간다. 이때 관객은 드라마에서 보드빌로 옮아간다. 돌발적 사건이 '비밀스러운 쪽지'의 형태로 끼어들어 착각을 유발한다. 리비아와 관객 모두 애인을 예상하는데, 그녀가 문 뒤에서 발견하는 것은 사촌형제, 즉 의무인 것이다. 과연 그녀는 어떻게 행동할 것인가?

제3막 — 알데노

제3막은 사랑과 의무——2막 프롤로그의 끝에 가서 꽤 신속하게 퇴출당했던 의무——사이의 갈등을 해소시킴으로써 앞의 질문에

답한다. 우선 속임수에 의해서다. 즉 리비아는 사촌 로베르토(우소니)가 요구한 대로 집을 떠났던 것이기에 편한 마음으로 잠자리에 든다. 이성이 승리한 것처럼 보인다. 이기심이 다시 발동하는 것은 말러를 다시 등장시켜 새로운 유혹 장면을 가능케 하는 돌발 사태에 의해서이다. 다시금 두드러지게 길이가 같은 세 개의 시퀀스가 배반의 단계들을 구축한다. 배반은 3막의 **클라이맥스**를 이룬다(시퀀스 10).

전쟁이 갑자기 끼어듦으로써 극의 구조적 일관성을 어지럽힌다. 극의 구조는 전투가 한창일 때 알데노로 돌아옴으로써만 유지될 수 있다. 그곳에서 백작부인의 배반에 따른 두 가지 결과를 지켜보게 된다. 그녀는 (프란츠의 편지 때문에) 안심하지만, 동시에 (그녀를 압박하는 파르티잔들의 거세지는 요구의) 위협을 받는다. 내용상으로는 알데노의 파르티잔들에 의해, 구조상으로는 시퀀스상의 교차 형식에 따른 전투에 의해 포위되어 그녀는 또다시 행동을 재개해야 된다.

제4막 – 베로나

제4막은 '수색의 패턴'으로 시작된다. 리비아는 도망친다. 물론 포위되지 않기 위해서이기도 하지만, 프란츠라는 도달해야 할 목표가 있다고 믿기 때문이기도 하다. 실제로 그녀는 그를 찾아낸다. 그러나 기대하던 모습의 그는 아니다. 그 둘간의 대면은 이번에는 그녀의 착각을 폭로하는 것으로 귀결된다. 겉으로 보이는 것만큼 취하지는 않은 말러에 의해 폭로가 실현되는데, 그는 정열적인 사랑의 낭만적 개념을 내팽개치면서 그들이 속한 세계의 종말을 예언한다. 따라서 **클라이맥스**는 매우 빠르게 도입된다. 그러나 상황을 매듭짓는 것이 남아 있다. 시퀀스 14의 중심 장면은 리비아의 '돌변'을 제안한다. 그녀는 자기가 한때 구하려고 했던 사람을 고발한다. 그리고 즉시 처형이 이어짐으로써 영화를 멜로드라마의 분위기에서 종결시킨다.

서로 다른 막들간의 극히 짜임새 있는 조율은 사건 발생의 논리 및 강권력 발동에 동시에 순응한다. 1막 끝에서 우소니의 구속, 2막 끝에서 그의 리비아에 대한 요구, 3막 끝에서 리비아의 배반이 야기하는 결과들은 모두 행위 재개를 위한 정당화 과정에 다름 아니다. 그러나 동시에 이 논리는 '돌발' 효과에 의해 반박된다. 구속 소식의 '놀라움'이 미약한 반면, 우소니와의 상봉에 따른 놀라움은 예상치 못한 것이다. 이와 같은 감동에, 그에 못지않게 갑작스러운 알데노 발코니에서의 프란츠의 등장이 야기하는 충격이 대응한다. 내용의 측면에서 봤을 때 진정 돌발 사건이 존재하는 것은 아닐지라도 3막 끝과 4막 처음 사이에 전투 현장에서부터 리비아의 마차로 갑자기 장면 전환이 이루어지는 것은 형식적 측면에서 일종의 '강권력'을 발동시킨다. 따라서 모든 것은 리비아에 의해 실현되는 행위의 전개라는 것이 겉으로만 상황(정치적 상황, 왜냐하면 네 개의 막의 종결은 이 모티프를 따르므로)의 논리에 따르는 것인 양, 그리고 실제로는 제어되지 않는 어떤 힘에 의해 이미 결정되어져 있는 것처럼 진행된다. 제어되지 않는 힘은 항상 갑작스럽게 말러가 동반하며, 그는 역사의 우발적 사태에 연관되어 있는 우소니라는 인물을 매번 대체한다. 구조적인 측면에서 보았을 때, 사실 운명이 역사를 지배하는 듯하다.

반사와 도치: 거울의 승리

게다가 극은 알데노의 독립 쇼트를 기준으로 양쪽에서 서로 조응하게 되는 두 부분으로 갈라진다. 이 독립 쇼트는 영화를 다소 불균등한 두 개의 단락으로 구분하고, 그 속에서 교류 및 반복-변주의 유희가 전개된다. 그와 같은 유희는 결국 상황들이 사실상 진척된 것이 아니라 단지 자리를 바꾼 것일 뿐이라는 느낌과, 거울 속에서처럼 거꾸로 되면서 모든 것이 반복된다는 느낌을 자아낸다. 극의 공연이 극처럼 구성된 영화의 시작을 알리듯이, 첫 시퀀스부터 거울과 연관된 일련의 복잡한 기교들이 그 기능의 중요성을 알려 준다. 거울은 인물들과 상황들을 둘로 가르면서 이야기가 전개되지 못하게 하고, 시간의 원이 제자리로 돌아오게 함으로써 정체성을 탐색 중인 주인공들을 함정에 빠뜨린다.

모든 반복과 도치의 경우에 대한 자세한 분석 대신 여기서는 몇 가지만 살펴보고자 한다. 2막과 3막은 동일한 구조로 되어 있다. 시퀀스 2와 시퀀스 7에서 연출되는(게다가 두 시퀀스는 두드러질 정도로 유사한(11분이 약간 넘는) 길이이다) 유혹으로 귀결되는 만남 뒤에 각각 완전한 '파란'을 일으키는 두 개의 계열이 이어진다. 그것은 사랑 이야기와 정치적 배반으로, 첫 계열(13분 37초)이 둘째 계열(19분)보다 짧게 다루어진다. 서스펜스와 왕복의 시스템으로 특징 지어지는 각 계열의 마지막 시퀀스(리비아의 시퀀스 6과 우소니의 시퀀스 11)는, 상황을 역전시키는 완결과 오해로 각 막을 종결시킨다. 리비아를 버린 말러는 우소니와 그의 동료 파르티잔들에 의해 대체되고(2막의 끝), 프란츠는 구원받고 우소니는 쿠스토차에서 부상당한다(3막의 끝). 두 경우 모두에 있어서 속임수의 효과가 존재하는데, 말러가 3막의 처음에 다시 등장하고, 4막에서는 실제로 죗값을 치르게 되기 때문이다.

이와 같이 전체적으로 대등한 체계에 반복 효과를 강화하는 구체적 요소들이 추가된다. 반복 효과는 시퀀스 2와 시퀀스 7을 보면 매우 두드러진다. 그 중 가장 명백한 예들만을 살펴보고자 한다. 두 경우 모두에서 말러는 새하얀 망토를 새하얀 군복 위에 두른 채 두 차례, 한 번은 베니스의 회랑에, 다른 한 번은 알데노의 발코니에 갑작스럽게 모습을 드러낸다. 두 시퀀스에서 주저하던 리비아가 굴

복하고 마는 유혹 장면의 절정은 기울어진 부감으로 매우 '연극화
된' 프레임들을 써서 촬영되었다(베니스의 우물 근처와 알데노 침실
의 화장대 옆. 사진 1과 2). 반대로 두 계열의 '파란'이 함축하는 의
미들의 대조는 결말을 처리하는 방식에 의해 강조된다. 즉 시퀀스
5의 음악과 페이드 아웃(사랑 이야기의 부드러운 결말)과 시퀀스 10
의 보이스 **오버**와 매우 거친 커트(개인의 세계와 집단의 역사 간의 대
조) 처리를 말한다.

　사랑 이야기 속에 정치적 역사가 침입함으로써 모든 것이 사실상
변하게 된다. 시퀀스 6에서 세르피에리 백작의 결정을 동기화하는 것
은 전쟁의 임박이다. 그리고 이 시퀀스의 서스펜스 구조(하녀 라우
라가 '지난 전쟁' 즉 1859년 전쟁 바로 직전에도 '불순한' 날씨였다고
강조하는 것처럼 대사가 그 구조를 강조한다)는 3막 전체를 전염시킨
다. 이제 기다림과 불안의 분위기가 2막의 정체감에 상응하는 연속
적인 동요를 야기한다. 2막에서는 베니스에서의 긴 산책에 이어, 말

러의 숙소로 대변되는 은신처에서 벌어지는 긴 대사 장면들이 등장
했었다. 3막에서는 반대로 공간들이 끊임없이 침입의 위협을 받는
다(우선 발코니에 나타나는 말러가 있고, 조금 뒤 루카가 현관에 등장
하며, 틈만 나면 방에 들어오고 싶어하는 하녀, 그리고 불난 장면을 더
자세히 보기 위해 헛간으로 올라오는 정원사들과 백작을 들 수 있다).

영화의 두 파트 사이의 대비는 반복—변주의 체계에 의해 강조된
다. 일례로 시퀀스 13은 1막의 대면(1c에서의 말러와 리비아의 만남)

이나 시퀀스 2와 7의 대면을 반복하는 장면이다. 차이는 프란츠가 아이러니컬하게 말하는 것처럼("뜻밖의 선물이군!"[8]) '뜻밖에' 도착하는 것이 리비아라는 사실과, 그때까지 유지되어 왔던 가장(假裝)이 탄로난다는 사실에 있다. 이 장면을 보면, 특히 연인 관계를 특징지었던 두 '순간들'이 뒤집어서 재연된다는 것을 알 수 있다. 시퀀스 3에서 가벼운 옷과 베일을 착용한 리비아는 말러에 의해 조심스럽게 '베일이 벗겨진다.' 반면 여기에서는 그가 절망으로 추해진 한 여자에게서 두꺼운 베일을 거칠게 뜯어낸다(사진 3과 4). 이와 같은 전복을 두드러지게 하기 위해 동일하면서도 반대되는 두 행위에 같은 음악 소절이 동반된다. 마찬가지로 시퀀스 4에서 프란츠는 하얀 속옷을 입은 리비아의 코르셋줄을 조여 주었다. 여기에서 그는 같은 복장의 클라라를 위해 동일한 행위를 반복한다(사진 5와 6). 그의 창녀에 대한 경멸("저 여자는 신경 쓰지 마"라고 그는 말한다)은 뒤늦게 리비아에게로 퍼부어지는 효과가 있다. 이는 브루크너의 음악이 흐르면서 카메라가 음료를 준비하는 클라라를 따라가 그 음악이 늘 '동반해 왔던' 백작부인의 '낭만적인 사랑'을 천한 성적 관계로 탈바꿈시킴으로써 실현된다.

가장 눈에 띄게 도치되어 반복되는 양상은 영화의 종결부에서 드러난다. 리비아는 자신의 검은 베일을 어두침침한 벽 앞에서 질질 끌리게 놔둔 채 프란츠의 이름을 외친다. 한편 바로 직후, 연극적인

---

8) 인용한 대사들은 프랑스판과는 약간 차이가 있는 이탈리아판으로, 저자가 내용의 흐름을 간단히 하기 위해 번역한 것이다.

합창과 북소리가 들리는 가운데 말러는 총살당하기 위해 성벽 쪽으로 끌려간다. 그런데 이 벽들은 1막에 나오는 페니체 극장의 무대 위에 재현되었다. 왜냐하면 무대에서 재연되는 첫 만남은 소프라노가 감옥에 갇힌 테너에 대한 자신의 사랑을 그가 갇혀 있는 성곽 밑에서 노래하는 순간에 이루어지기 때문이다. 에필로그 장치는 오

페라의 것과 동일한 것이다. 그러나 상황은 정반대이다. 우리가 나중에 알게 되듯이, 레오노라는 자신의 생명을 담보로 연인을 구하려 하지만, 리비아는 자신의 연인을 고발하고 사형에 처하도록 하기 때문이다.

서술 구조: 죽음의 논리와 무위의 시간

《센소》는 시간 속에서 전개되는 하나의 줄거리를 구성한다는 면에서 이야기에 속한다. 그런데 이때 시간은 중대한 균열상들을 보여준다.

이중 내레이션

이 영화의 첫번째 특징은 주인공에게 간헐적인 내레이터 역할을 제안한다는 점이다. 리비아는 여러 번 과거시제로 '일어났던 일'을 이야기한다. 보이스 **오버**는 그 내용이나 등장시의 배치로 인해 영화의 시간성을 조직하는 요인이자 행위의 동력이 되는 것으로 보인다. 따라서 플래시백으로 이루어진 구조를 생각할 수도 있겠지만 (시나리오 초기 단계에서 예상되었던 바이다) 절대 그렇지 않다. 즉 우리는 '비밀 일기'를 작성하고 있을 '미래의' 리비아를 단 한번도 보지 못할 뿐 아니라, 그녀를 공간이나 시간 속에 위치짓는 어떠한 종류의 정보도 찾아볼 수 없다. 나아가 여주인공을 사라지게 만들어 버리는 영화의 방식——애정면에서 죽었거나 실제로 미쳐 버린 것처럼——은 그후에 이야기가 이어질 수 있는 가능성을 부인하는 듯하다.

이와 같이 영화에서 이야기 전개를 '제2의 내레이터'가 담당할 때처럼 내러티브 장치가 이분될 뿐만 아니라, 과거로 이야기하는 목소리에 현재를 부여하기를 거부하는 논리적 비일관성 때문에 이중 효과가 발생한다. 첫째, 보이스 오버의 존재-부재가 채워질 수 없는 시간의 간극을 만들어 냄으로써 시간의 질서를 어지럽힌다. 둘째, 보이스 오버는 '나'의 위상이 불분명하다는 점에서 자신에 대해 말하는 것으로 간주되는 '나'의 정체성 자체에 영향을 끼친다.

시간 구조

《센소》의 이야기상의 시간 구조를 보면, 두 개의 양립할 수 없는 시간성이 그 속에서 서로 충돌하고 있음이 암시되고 있다. 경험한 사랑의 시간성은 너무나도 불분명하여 베니스에서의 산책 때 리비아의 보이스 오버가 말하는 것처럼 "시간은 더 이상 존재하지 않는다." 한편 존재하지만 분절되고 일관되지 못한 것처럼 느껴지는 역사의 시간성이 있다. 인물들의 행위를 불가능하게 만드는 것은 바로 이 두 가지의 공간-시간 사이의 갈등, 집단적 역사의 사생활에 대한 갑작스러운 침입이다.

영화가 재현하는 에피소드들의 연대기적 순서와 기간이 항상 잘 드러나는 것은 아니다. 우선 에피소드들은 두 '내레이터'(영화, 보이스 오버)의 결합이나 대사가 제공하는 정보 덕택에 연결하기가 용이한 것처럼 보인다. 페니체 극장의 저녁은 자막으로 날짜가 명시되고(1866년 봄), 보이스 **오버**에 의해 보다 구체화된다("5월 27일이었다"). 베니스에서의 산책(시퀀스 2)은 다음날 밤의 일이다(이에 관한 언급은 말러가 한다). 그리고 시퀀스 3은 나흘 뒤가 배경이다(보이스 **오버**). 반대로 사랑 이야기로의 진입은 보다 불확실한 시간 흐름을 동반한다. 내레이터가 제공하는 정보들은 정확한 날짜 없이 하루의 순간들("새벽이 오고 있었다" "내가 헛되게 그를 기다린 한 오후")을, 기한 또는 빈도들("1년간의 망명" "우리는 오래 돌아다녔다" "나흘 후, 나흘" "우리는 자주 만났다")을 어림잡아 말한다.

영화 이야기는 시퀀스 2부터 이미 이와 같은 변형을 구조적으로, 기간의 확장과 수축에 의해 표현한다. '행위'의 측면에서 극히 중요성이 떨어지는 산책 장면 하나를 위해 영화의 11분 이상이 사용된다. 시퀀스 3에서 5까지는 묘사되는 순간들(여러 방에서의 장면들)을 연결시키는 오버랩이 표현하는 시간의 정지 체계에 따라 조직되는 반면, 연인간의 만남의 약속이 반복되는 상황은 매우 간략하게 '이때부터'와 '자주'라는 보이스 **오버**의 독립 쇼트로 표시된다. 결국 시간 속을 떠다니게 되는데, 그 이유는 영화 시간상 15분이 안 되는 길이 속에 집중되어 있으면서 시퀀스 1과 2 이후처럼 페이드 아웃으로 마무리되는 사건들이 도대체 얼마나 지속되는지를 가늠할 수 없기 때문이다.

시퀀스 6과 더불어 비상(非常)의 논리가 역사의 침투(전쟁)와 관련하여 적용된다. 첫 단락에서보다 훨씬 적게 등장하는 보이스 **오버**는 기한들이 짧다는 사실을 강조한다("나는 24시간의 기한을 얻어냈다"). 구체적으로 그때부터 각각 24시간의 기한 동안 일어나는 다음 세 개의 시퀀스가 조직된다.

— 말러를 찾아다니는 24시간, 그 결과는 우소니와의 만남으로 귀착된다(시퀀스 6, 거의 9분).

— 말러가 잠시 알데노를 방문하는 24시간(시퀀스 7에서 10까지, 약 30분).

— 리비아의 출발과 말러의 처형을 구분해 주는 24시간(시퀀스 12에서 15까지, 즉 28분).

길이는 영화의 초반에서처럼 오버랩에 의한 생략 처리로 단축된다. 리비아가 말러의 숙소를 방문하는 저녁부터 시작하여 다음날 저녁, 그리고 배반의 24시간까지 이어지는 시퀀스 6이 바로 이 경우에 속한다. 화해의 장면은 키스와 오버랩되는 전등을 이용한 조명 효과에 의해 단축된다. 하루가 세 순간을 둘러싸고 조율된다(리비아가 프란츠를 숨겨주는 새벽. 모든 사람들이 헛간으로 달려가는 한편 루카가 도착하는 아침 시간. 나머지 하나는 리비아가 말러에게 돈을 주고 난 후 그가 즉시 떠나 버리는 저녁 때이다). 영화적 시간은 연장되는 반면, 이야기의 시간은 짧아진다. 그러나 이야기의 시간에 영향을 끼치는 단절들은, 인물들이 이동하는 횟수와 신속성에 의해 한층 더 서둚의 효과를 발생시킨다. 프란츠를 찾으러 뛰어다니는 리비아가 헛간으로, 정원으로, 그리고 한 방에서 다른 방으로 옮겨다니는 모습을 예로 들 수 있다.

이 첫 두 '나절'(수색의 날과 배반의 날)은 며칠간의 '휴지기'에 의해 구분되는 반면(두 개의 페이드 아웃 사이에 보이스 **오버**를 동반하는 독립 쇼트를 끼워넣음으로써 휴지기가 표시된다), 사흘째 되는

날은 쿠스토차 전투 장면(시퀀스 11)에 의해 순차적 전개에서 벗어
난다. 이 장면은 큰 혼란을 유발하는 효과가 있다. 그때까지 시퀀스
간의 구분을 명백하게 표시하는 페이드 아웃이나, 시공간적 변화를
가능케 하는 오버랩을 영화 전체적으로 사용해 온 반면, 커트에 의
해 시작되고 종결되는 이 시퀀스는 연속성의 법칙(리비아가 항상 존
재함으로써 보장되는 연속성. 여기서는 그녀가 일시적으로 방치된다)
에 의해 전개되는 모든 다른 시퀀스와는 반대로 교차에 의한 구성을
따른다(A — 전장으로 향하는 우소니 / B — 알데노에 있는 리비아 / A'
— 전장에서의 우소니). 마지막으로, 전쟁의 시간적 배경과 지속 기
간도 알 수 없을 뿐 아니라(특히 동시에 발생하는 것으로 가정되는 알
데노로의 귀환에 의해 전쟁이 중단되기 때문에) 선행된 시퀀스들에
묘사된 날 이래 시간이 얼마나 흘렀는지도 알 수 없다. 프란츠가 리
비아에게 제대했다는 편지를 쓴 것으로 미루어 보아 일정 정도의
시간이 지났다는 것만 알 수 있을 뿐이다.

이와 같은 단절 장면이 있은 후 마지막 24시간의 시간적 구성은
매우 거칠게 표현된다. 물론 마차 여행시 하루의 시간 경과는 조명
의 변화로 형상화되는 것이 사실이다. 서로 다른 조명들은 '단계들'
(아침, 뜨거운 정오, 오후가 끝나갈 무렵 땅에 붙는 빛, 베로나의 밤)을
포착할 수 있게 해준다. 마찬가지로 리비아가 베로나에서 방황하는
에피소드들을 연결시키는 오버랩들이 비록 그녀가 길가에서 얼마
동안을 '질질 끄는지' 알 수 없게 함에도 불구하고 우리는 즉시 시
행되는 것으로 제시되는 처형이 새벽 이전에 집행된다는 사실을 알
수 있다. 그러나 단절의 효과는 강조되지는 않더라도, 시퀀스 12의

외부, 내부 쇼트들의 교차에 의해 유지되고, 저녁 시간의 순차적 연속성(말러의 집 방문, 총사령부 방문, 처형)은 시퀀스 11에 등장하여 시퀀스 13, 14, 15를 구분하는 명백한 커트에 의해 파괴된다.

시간 흐름을 단절시키는 것은 관습적으로 그렇듯이 이야기의 '미약한' 순간들을 지움으로써 '깊은 뜻이 함축된' 순간들을 살리는 기능만 있는 것이 아니기에 더더욱 중요하다. 단절들 중 몇 가지는 기다림의 국면을 대신할 수 있기도 하지만(시퀀스 2와 3 사이에 리비아를 동요시키는 나흘간, 또는 시퀀스 6과 7 사이에 며칠간의 '회복기'), 대부분은 행위의 전개에 있어서 중요한 사건들을 감춰 버린다. 시위, 말러를 찾아가는 리비아의 자발적 행위 및 돈상자를 주는 행위가 꽤 긴 장면들을 수반하는 반면, 우소니의 구속과 말러의 제대는 '이야기'(전령이나 편지)에 의해서만 제시되고, 사랑 이야기나 패배의 전개는 감춰진다. 우리는 그 시작과 끝만을 알 수 있다.

따라서 사랑의 시간의 부유(浮游)와 역사의 시간의 다급한 격돌 사이에 끼어 행위의 시간은 《센소》에서 상당히 축소되어 버린다. 영화 내내 이동이 많다(인적 드문 베니스나 복잡한 베로나에서, 혹은 전쟁으로 동요하거나 고요를 되찾은 시골에서). 대사도 많다. 사랑하기 전이나 후, 배반하기 전이나 후에, 그리고 인물들은 무엇보다도 사전 준비나 사후 평가의 상황, 너무 이르거나 특히 너무 늦은, 그 결과 무위의 시간이나 무용의 행위의 시간 속에 놓여지게 된다(말러를 찾는 리비아나 우소니의 행보).

행위의 연쇄

겉으로 보이는 것과 달리 내레이터의 목소리는 이야기 진행에 결정적 요소가 되지 못하고, 그 비효율성이 지니는 효과는 여주인공의 무능함을 분명히 하는 데에 있다. 그녀는 자신에게 일어난 이야기를 통제하지 못한다.

첫 장면은 자막에 의해 소개되고, '리비아의 목소리'는 시위가 끝난 다음에야 개입한다. 그것의 기능은 사후에 설명(우소니의 역할에 관하여)하면서 동시에 행위의 전개 가능성을 열어주는 것이다. 즉 "나는 어떤 방법으로 그에게 도움이 될 수 있을지를 찾고 있었다"라는 말은 말러와의 만남을 이해할 수 있도록 해주게 된다. 영화의 첫 파트 내내 이 목소리가 매번 시퀀스들의 시작을 알리기는 하지만 사건들에 대한 해설을 할 뿐, 행위는 늘 그 통제에서 벗어나 발생한다. 시퀀스 3의 첫 부분에서 리비아가 장교를 찾아갈 때를 제외하고, 그녀가 이야기 흐름을 지배하기 위해 내리는 것으로 보이는 결정들은 자의에 의한 것이 아니다. 영화의 두번째 파트에서는 보이스 **오버**의 출현이 드물어진다. 알데노의 독립 쇼트에 흐르는 목소리가 한번 더 앞장면에서 일어난 행위의 결과(출발과 우소니의 대사와 관련된 '회복기')를 설명하는 것 같지만, 시퀀스 7의 전개는 사실상 말러의 뜻밖의 등장에 의해 결정되는 것이고, 게다가 배반의 단계들은 보이스 **오버**의 부재하에 전개된다. 보이스 **오버**는 중위가 떠난 후에야 다시 등장한다. 시퀀스 12의 첫 부분에서 "나는 새벽에 떠나기로 결심했다"는 목소리는 리비아에게 사건들에 대한 통제권을 다시 부여하는 듯하지만, 사실 사건들은 그녀의 권한에서 완전히 빠져나가 버린다(시퀀스 13에서부터 목소리가 사라짐).

오직 시퀀스들의 연쇄로만 조직됨에 따라 이야기는 시간이 지나면서 점점 더 부유하는 형상을 띤다. 왜냐하면 에피소드들의 연속은 '디에제스의 논리'(영화가 이야기하는 사건들 사이의 인과 관계)에 의해 강화되지 못하기 때문이다. 첫 파트에서 대사에 의해 제시되는 논리는 끊임없이 반박의 대상이 된다. 페니체 극장이나 베니스의 밤 장면에서 리비아는 말러와의 약속을 거절한다. 그럼에도 불구하고 그녀는 그가 '따라오는' 것을 허락한 후 그의 집을 찾아간다. 시퀀스 3은 사랑 이야기의 시작을 알리지만, 시퀀스 4와 5는 와해를 보여줄 뿐이다. 이어지는 거의 모든 시퀀스는 예상치 못한 돌발 사건에 의해 시작된다(세르피에리 백작의 피난 계획, 말러의 알데노 침투, 돌발적인 화재, 전투 준비). '배반의 논리'(말러를 숨겨주기로 하는 결정, 그에게 돈상자를 주기로 하는 결정, 떠나기로 하는 결정)는 화재와 전투 간의 교차 시스템 내에서만 전개됨으로써 해결되지 못한 듯한 불안의 효과가 발생한다. 확고한(그리고 결정적인) 원인-결과 관계가 존재하는 유일한 순간들은, 리비아의 여행을 말러 집으로의 도착에 연결시킬 때와 그녀의 고발과 에필로그를 이어주는 순간이다. 즉각적인 처형은 두 번이나 선고된다(총사령관의 선언과 층계에서 전달되는 명령). 그런데 리비아의 행위는 파국을 야기하기 때문에(그녀가 알데노로부터 도착했을 때 말러가 보이는 거부의 태도, 그녀의 고발 후 말러의 처형) '정신나간' 것으로 비난받는다. 말하자면 이야기를 떠받치는 진정한 논리는 죽음을 부르는 광기의 논리인 셈이다.

시점의 문제

마지막으로 살펴볼 사항은 '내러티브 시점'이 이끄는 방향이다. 다시 말하면 관객의 '앎(know)'을 그의 '봄(see)'에 의거하도록 하는 문제로, 이때 관객이 보는 것은 그의 시선이 인도되는 바, 즉 영화가 그에게 제안하는 '초점화'에 따르게 된다. 《센소》에서는 간단하다. 시점은 거의 항상 외부에 있다. 영화가 보여주는 셈이다.

관객이 자신의 시점에서 인물이 보는 대상을 발견하게 되는 것은 다섯 가지 경우에 한정된다. 그 중 세 번은 리비아에 해당한다. 그녀는 두 번 우리로 하여금 그녀의 시선을 따르게 한다. 그녀가 멈추어 서서 바라보게 되는 문에서부터, 우선 왼쪽에서 오른쪽으로 방의 저 안쪽 각도에서부터 그녀에게로 다가오는 말러를 보여준다(시퀀스 3). 다음으로, 같은 상황에서 시선의 움직임을 반대로 하여(시선의 축이 오른쪽에서 왼쪽으로 이동) 탈영병인 말러가 조금전까지 분명히 있었는데 어느덧 비어 버린 헛간을 발견하게 한다(시퀀스 9).[9] 세번째로 리비아의 '주관적 시선'이 등장하는 경우는 시퀀스 13에서 그녀가 창녀에게 잠시 눈길을 주고, 이어서 우리가 음료를 준비하는 창녀를 보게 될 때이다. 그외 두 번의 내적 초점화는 말러를 통해서 실현된다. 첫번째 경우는 시퀀스 10에서 돈상자를 바라볼 때이고, 두번째는 시퀀스 13에서 그가 돈을 어떻게 조달할지를 아주 잘 안다고 말한 후 쓰러진 리비아 위로 향하는 시선이다.

따라서 이와 같은 시점 장치의 역할은 아주 명백하다. 인물들의

---

9) 이와 같은 시선 축의 역전은 이미 언급한 바 있는 거울 체계에 속한다.

욕망을 드러내는 것이다. 리비아가 원하는 것은 말러이고, 말러가 관심을 갖는 것은 돈이다. '시선의 순환'은 사랑—돈의 관계를 표현하기에 적합하고, 그것이 인도하는 종착지는 매춘이다(클라라에게 맞춰지는 초점). 반대로 다른 인물들의 시점을 거치는 경우는 절대 없고, 역사적 사건의 경우 주관적 시선이 전혀 사용되지 않는다. 이와 같은 장치는 이야기 전체가 독립 전쟁이 아니라 오직 애인에게 관심이 있는 리비아의 시점으로 전개된다는 사실로 설명할 수 있을 것이다. 그러나 우리가 이미 살펴본 것처럼 이야기를 통제하는 것이 그녀의 목소리가 아닌 것과 마찬가지로 관객의 앎이 그녀의 시선을 통해서 실현되는 것도 아니다. 실제로 관객은 '여주인공보다 더 잘' 그녀의 사랑 이야기를 알고 있다. 왜냐하면 그녀보다 '더 명백하게' 보기 때문인데, 이는 예를 들면 리비아는 보기를 원하지도 또 볼 수도 없는 상황에서 카메라가 관객에게 말러의 흉내내는 몸짓을 보여주는 덕택에 가능하다(오페라 극장과 알데노의 방에서 그녀는 그에게서 등을 돌리며, 그를 직접 바라보는 경우도 드물다. 침실에서 리비아가 막 선물한 펜던트의 가치를 계산하고 있는 프란츠를 창문을 통해 엿보는 것은 관객이다).

이와 같은 지배적인 '외재성(外在性),' 관객에게 낯선 '시점들'을 종종 강요하는 프레임과 편집상의 단절에 의해 더욱 강조되는 외재성이 가질 수 있는 의미들에 대해서는 차후에 다시 논의하게 될 것이다. 여기서의 논의는 다만 그것이 인물에의 동일시를 방해하고, 개인적인 것이든, 집단의 것이든, 전개되는 이야기에 거리감을 주는 효과를 발생시킨다는 점을 강조하는 데 한정시키고자 한다.

따라서 구불구불한 외양과 의도된 내러티브상의 틈새에도 불구하고 영화는 엄격하게 조직된다. 적어도 구분하는 것만큼은 연출되는 순간들을 서로 연결시키는 기능 또한 수행하는 오버랩의 잦은 빈도에 의해 일관성·균일성의 효과가 발생하며, 이는 음악에 의해 더욱 증대된다. 정확하게 말하면 《센소》가 상기시키는 것은 아마 '한숨' '침묵' '절분법' 그리고 특히 주제의 반복-변주들과 함께 음악 작품의 구조라고 할 수 있을 것이다. 일례로 자니 론돌리노는 "텍스트의 음악적 구조"라고 말하며, 그에 대해 "작곡상의 서로 다른 요소들의 절대적 통합, 대사에서 소리로, 또 그 반대로의 영속적이고도 동기화된 이행"이라고 정의했다. 한편 〈《센소》 혹은 무관심하지 않은 음악〉이라는 글에서 장 피에르 고드바르주는 "서창자의 해설에 의한 성서 그림들의 언급을 교차시키는" 오라토리오 형식과 영화 간의 근접성을 암시한 바 있다.

영화의 전체 구조가 연극적 특성을 크게 띠고 있다면, 음악 텍스트와의 유사성은 《센소》 속의 시간 개념의 형태, 즉 연속적이면서도 끊임없이 단절되는 선의 형태를 설명해 준다.

원작, 역사, 음악

영화 자막에서 일부러 《센소》가 카밀로 보이토의 중편 소설을 원작으로 한다는 것이 언급되기는 하지만, 영화와 원작 소설 사이에 존재하는 상당한 차이들은 다른 두 개의 직접적으로 탐지 가능한 영감의 원천, 즉 역사와 음악에 대한 고찰을 요한다. 실제로 원작 텍스트는 리소르지멘토의 의미 분석을 전개하는 데 출발점으로 사용될 뿐이며, 베르디의 〈일 트로바토레〉와 브루크너의 〈제7교향곡〉은 영화에 시적 메타포의 숨결을 불어넣는다. 따라서 《리비아 백작 부인의 비밀 일기》가 대변하는 '스토리엘라 바나(storiella vana)' 즉 '덧없는 이야기'이자 가벼운 이야기가 영화적으로 겪는 변형들을 고찰하는 것을 넘어서서 몇 가지 사료편찬사적·음악사적 지표들을 소개하는 것이 필요하다. 그것들 없이는 《센소》가 이야기하고자 하는 바를 제대로 이해하기 어려울 것이다.

보이토의 중편 소설

영화의 공식 출처로 등장하는 이 아주 짧은 소설은, 역사 유적 복구를 전문으로 하는 직업 건축가이자 이탈리아 음악계와 친분이 있었으며(그의 형 아리고는 오페라, 특히 베르디를 위해 일한 가곡작가였다) 가끔 글을 쓰기도 했던 아마추어 작가에 의해 1883년 출간되었다. 소설은 "트렌토의 최고 귀부인들 중의 한 명"(10쪽)[10]이, 허영심 많은 젊은 유혹녀로서 베네치아 독립 전쟁 당시 자신을 배신한, 그러나 그녀가 여전히 그리워하는 연인의 처형을 야기한 스스로의 행위에 대해 회고하는 이야기이다. 매우 보잘것없는 소재로 보인다. 그러나 자신의 "관심이 항상 인물들의 양심과 그들의 윤리적 불안감, 또 이해하고자 하는 그들의 노력"에 끌렸노라고 회상하는 감독에게는 흥미가 있을 수 있다. 비스콘티의 입장에서는 그 흥미가 배가되었는데, 이유는 그가 "이 이야기 속에서 쿠스토차 전투 시기 때 성숙기에 달한 대규모의 정치적·사회적 경향들을 반영하는 예외적인 색조를, 그리고 사랑 이야기의 종결 방식에서는 이탈리아 역사의 혼동된 한 시기의 쇠락에 대한 암시"를 또한 보았기 때문이다.

출발점

---

10) 이 책에서 인용되는 구문들은 프랑스 악트 쉬드 출판사본에서 발췌한 것들이다. 이탈리아본 인용은 《센소》의 데쿠파주를 실은 책의 11-37쪽을 참조하라.

베니스로의 신혼 여행 때 바람을 피운 이래 16년이 지난 39세의 백작부인은, 시들어 가는 미모를 거울에서 확인하는 것으로 소일한 다. 그녀의 나르시시즘은 다소 병적인 성찰의 취향을 동반한다. 그 녀는 "완벽한 철학자로서"(10쪽) 자신을 앎으로써 겸손해지는 과정 을 통해 영혼을 고양시키려고 생각하는 것이다. 이해 관계에 따라 (그녀는 "마차, 보석, 벨벳 드레스, 신분, 그리고 무엇보다도 자신의 자 유"를 원했다) 뚱뚱하고 겁 많고 노골적인 늙은 백작과 결혼한 그녀 의 주된 활동은 남자들을 유혹하는 데에 있다. 그런 유혹은 그녀가 강조하듯 허영심에 따른 것으로, 트렌토의 다른 귀부인들의 질투심 을 불러일으키는 것이 그녀의 낙이 된다. 또한 자기 인정의 필요에 의한 것으로, 자신이 신나서 묘사하는 자신의 몸이 불러일으키는 욕 구를 경험하는 것 외에는 자기 정체성을 발견할 다른 방법이 없기 때문이다. 마지막으로 관능 때문인데, 성적인 명성으로 인해 '진정 한 남자(un vero uomo)'로 인정받는 한 잘생기고 정력적인 장교에 대한 그녀의 아쉬움의 원인도 바로 이에 기인한다. "포옹할 때 그는 부서질 정도로 내 허리를 꽉 끌어안았고, 피가 날 정도로 내 어깨를 깨물었다."(32쪽) 머릿기름이 베개를 얼룩지게 하는 배불뚝이 남편 과 '선병질적인' 변호사인 현재 애인 사이에서 그녀가 느끼는 절망 에 공감할 수 있는 것은 사실이다. 그것을 제외하면 그녀는 예전 애 인("강하고, 잘생기고, 비열하고, 변태적인 그가 마음에 들었다")처럼 거의 호감은 가지 않지만 매우 흥미로운 여자에 해당한다. 일기를 작성하려는 그녀의 욕망, "모든 가책과 위선 또는 망설임에서 벗어 나 그것이 어리석은 사회적 체면이 가장 고백하기 어렵게 만드는 자기 자신의 비열함에 관한 것일지라도 추억 속의 진실을 존중하려는"(9쪽) 욕망으로 인해 그녀라는 인물은 19세기 '빅토리아' 풍의 삶의 방식에 의해 '사회'의 여성들이 겪어야 했던 숨막힘의 희생자로 표현된다.

게다가 주목해야 할 사실은 리비아의 관능이, 그녀가 아카데미의 걸작들에 대한 완전한 몰이해를 고백함에도 불구하고 그녀에게 분위기와 베니스의 색채들(초록색 물, 별이 수놓아진 하늘, 은빛 달, 16쪽), "그 색채들의 가벼움, 빨강·초록·파랑·하양들의 그 음향, 그와 같은 강렬한 관능적 사랑으로 그려진 음악"(18쪽)에 대한 일련의 감수성을 열어준다는 것이다. 이 감수성은 《센소》에 내내 반영되고 있다.

백작부인이 하는 이야기는 영화의 '출발점' 역할을 잘 수행한다. 비스콘티가 트렌토의 저택 대신 원작에 존재하기는 하나 리비아가 한번도 찾아가지 않는 시골 별장을 도입하는 것을 제외하면, 동일한 사회적 상황과 동일한(세르피에리 백작보다는 더 희화화되고 대사가 없긴 하나) 남편이 등장한다. 원작 이야기 속에서 레미지오 루즈라고 불리는 젊은 오스트리아 장교는 아마 프란츠 말러보다 잘생기고, 이해를 추구하고, 무기력하고, 더 비겁할지도 모른다. 말러처럼 (그러나 더 거칠게) 그도 제대를 위해 돈을 요구하고, 마찬가지로 리비아를 속이며, 그녀는 그를 고발한다. 말러처럼 그도 결국 명예로울 것 없는 처형을 당한다. 따라서 영화에서보다 더 명백하게 섹스와 질투에 관한 이야기라는 점을 제외한다면 '사랑 이야기'는 거의 같다고 할 수 있다. 즉 소설에서 백작부인은 이미 중위를 눈여겨보고 있었고, '정복'의 장면은 젊은 그녀가 빌린 후 그 속에 나체로 들어가 있는 수영장인 '세이렌'으로 남자가 미끄러져 들어감으로써 각별히 선정적이다. 이 장면이 풍기는 싸구려 에로티시즘에서 비스콘티는 리비아 세르퍼에리가 관능에 눈뜨는 사실만을 취한다.

구조적 변형

반면, 이야기 구조는 상당히 다르다. 보이토의 백작부인은 타락한 유혹 행각을 계속해 가면서 구체적인 날짜와 장소(1881년 트렌토)를 배경으로 이야기를 쓴다. 16세 때 한 청년의 사랑을 농락함으로써 그로 하여금 전장에 뛰어들어 목숨을 잃게 한 것과 마찬가지로, 40세가 가까운 나이에도 그녀는 마지막 남은 구혼자를 잔인하게 내친다. 그러나 그가 탈주한 후 젊은 여자와의 결혼을 계획하자 그녀는 체면 유지를 위해 그를 '다시 붙잡아야'만 하게 된다. 이야기는 연속되는 세 번의 플래시백으로 전개되며, 매번 현재 상황에 대한 성찰 속에서 이루어지기 때문에 과거와 현재 간에 어떤 불확실성도 존재하지 않는다. 따라서 영화에서와는 반대로 이야기의 조직과 시간성을 통제하는 것은 명백히 리비아가 된다. 연대기적 표시는 꽤 구체적으로 존재하여 애정 행각의 순서와 기간을 구축한다.

나아가 그녀는 내적 초점을 부여받는데, 이는 특히 영화에서의 리비아처럼 그녀가 연인에게 '뜻밖의 선물'을 주려고 하는 장면에서 드러난다. 그녀가 레미지오의 방에 도착했을 때 조용히 눈에 띄지 않게 문을 열자, '뚱뚱한 금발'을 만지작거리고 있는 남자와 그녀 자신을 금전 등록 기계라고 비웃으며("각각이 마랭고 같은 감언을 사용하여," 58쪽), 무엇보다 최고의 모욕으로 그녀의 아름다움을 증명해 주는 사진들을 찢어 버리고 있는 두 젊은 남녀를 목격한다. 그곳에서 뛰쳐나와 들어간 카페에서, 그녀는 사람들이 동일한 톤으로 자신의 연인과 그를 먹여 살리는 백작부인[자기 자신]에 대해 떠드는 것을 듣게 된다. 이와 같이 엿보는 입장(관음증)은 그녀로 하여금 복수 계획을 실현할 수 있도록 해주는 지식을 제공한다. 마지막으로 그녀는 자신이 초래한 처형을 참관하는데, 자신의 경쟁자가 아직 꿈틀거리는 시신 위로 달려드는 것을 보면서 회고에 의해 야기되는 어떠한 동정도 거절한 채 "의무를 다했다는 어려운 자만 속에서 동요하지 않고"(73쪽) 떠난다.

그러나 모든 면(내러티브의 목소리, 시간, 시점)에서 행사되는 이 여주인공이자 내레이터의 권력에 균열이 전혀 없는 것은 아니다. 사실 일기 쓰기의 시간적 구성 및 그에 따른 변호사와의 애정 행각의 기간 조직은 완전히 불안정하다. 리비아는 지노가 그녀에게 애원하는 동안 냉정하게 거울을 쳐다보고 있는 모습이 보이는 장면의 다음날 일기를 쓰기 시작한다. 두번째로 현재가 언급되는 때도, 그녀가 막 그를 쫓아낸 장면의 다음날이다(아마도 이전 장면에 이어지는 것으로 보인다). 세번째 현재시제에서, 그녀는 3개월간 일기 쓰기를 그만뒀었다고, 그리고 그 보잘것없는 변호사가 그 사이에 "18세짜리 바보 같은 어린애(…)——세상 물정 모르는 순진한 계집"(31쪽)과 약혼했다고 말한다. 이야기의 마지막 몇 줄은 시간의 정지(완전한?)를 기대하게끔 한다. "내가 분명히 그 귀여운 변호사 지노가 다시 돌아올 것이라고 말했지! 그가 서둘러 달려오기에는 단 한 줄,

'어서 오세요, 우리 화해해요'로 충분했다. 그는 결혼식 1주일을 남겨놓고 그 바보 같은 어린 계집을 내팽개쳤다. 그는 레미지오 중위와 거의 같은 힘으로 나를 끌어안으며 종종 말하곤 한다. '리비아, 당신은 천사와도 같소!'라고."(73-74쪽) 원작 소설의 흥미가 배어나오는 것은 바로 이 지점이다. 즉 재구성되기에 통제되는 과거 서술의 시간과, 통제를 벗어나 버린 현재 서술의 시간 사이로 그 모든 "노화의 끔찍함"(10쪽)이 슬그머니 끼어드는 것이다.

영화에서는 서술 구조가 심층 개조됨에 따라 주인공의 위상이 완전히 변한다. 원작에서 이야기의 주인인 리비아는 소설에서 진정한 "분석에 의한 치료"를 감행한다. 그녀는 "치유되지 않은 상처의 생생한 흔적들을 탐구하고 있다는 것"(9쪽)과 "그 오래된 기억들을 서면으로 고백함으로써 그 예리함과 지속성을 완화시키리라는 것"(8쪽)을 잘 알고 있다. 사랑의 질투라는 주제를 넘어서서 진정한 문제제기는 여성의 정체성에 있다. 그녀의 표현은 노화에 대한 두려움으로 보통 반영되는 시간의 흐름을 통제할 수 없다는 사실을 의식하고 나온 것이다. 이 점과 관련하여 비스콘티는 문제를 교묘하게 이동시켰다. 소설의 경우, 두 연인이 애정 행각을 벌일 때 둘의 나이가 거의 같고(22세와 24세) 두 명의 리비아가 존재(젊고 신중하지 못한 한 명과 늙어가는 계산적인 나머지 한 명)하는 반면, 영화에서는 소설에서보다 훨씬 성숙한 양태를 띠는 프란츠와 리비아의 관계에 영향을 미치는 것이 그들의 나이 차이다. 마찬가지로 이야기의 시간경제학 또한 수정을 겪는다. 우선 집중에 의한 수정인데, 왜냐하면 영화가 스토리상으로 24시간 안에, 그리고 영화 길이면에서는

30분(즉 러닝타임의 4분의 1)도 못되는 시간 안에 소설의 3분의 1에 해당하는 분량이자 운명적인 세 날(6월 26일, 백작부인은 주저하는 마부와의 긴 대화를 통해 여행을 구상한다. 27일, 그녀가 4시에 출발하여 베로나에 9시에 도착한 후, 끔찍한 저녁 시간이 지나갔을 때는 새벽 1시다. 다음날이 되어서야 그녀는 사령관을 찾아가고, 또 하루가 지난 후에야 처형이 집행된다)을 집약시키기 때문이다. 다음으로는 서술되는 이야기의 구조 파괴에 의한 시간 수정이다. 구체적인 날짜들의 생략과 점점 더 짧게 끊어지는 기간의 다급함에 이어 오버랩이 사라진다.

이와 같이 하여 눈부신 세르피에리 백작부인은 이미 "나이가 들어 버린다." 알 수 없는 곳에서 과거시제로 말하는 그녀는 핵심 문제를 변형시키는 초시간 속에 자리한다. 더 이상 시간의 흐름이 한 여성에게 가하는 모욕에 대한 문제가 아니라 시간과 그녀가 맺는 관계의 문제가 되는 것이다. 그 관계란 그녀가 구체적인 역사적 순간에 자리하기 때문에 '자신의 시간'과 개인적으로 맺는 것이지만, 음악이 느낄 수 있게 해주는 것처럼 시간 흐름의 방식과 일반적으로 맺고 있는 관계이기도 하다.

새로운 패

리비아 세르피에리와는 달리 성(姓)도 없는 보이토의 리비아는 역사와 먼 거리에 있다. 역사가 소설에 등장하지 않는 것은 아니다. 애정 행각의 기간이 제시된다. 그것은 1865년 7월에 시작되어 1866년에 종말을 고하며, 전쟁의 소음들, 군인들과 부상자들로 꽉 막힌 도로는 소설의 후반부 전체의 배경으로 등장한다. 그러나 이탈리아 티롤 지방의 귀족인 남편을 둔 백작부인은 이탈리아 통일 운동에 대해 무관심 혹은 적의를 표할 뿐이다. 그녀에게 버림받은 젊은 연인은 "군에 자원하였고, 1859년에 있었던 여러 전투중, 잘은 모르겠지만 그 어디엔가에서 죽었다."(13쪽) 그리고 그녀는 "붉은 악마들의 떼거리를 이끄는 가리발디"(34쪽)와 자신과 레미지오의 관계를 위협하는 "이탈리아인들의 극악스러운 충동"(46쪽)을 두려워한다.

반대로, 소설과 비교해 보았을 때 영화가 실현하는 중요한 혁신들 중 하나는 바로 역사적 사건들의 결정적인 역할을 강조하는 것이다. 여기에서는 이탈리아의 통일과 독립을 위한 투쟁의 역할이 강조 대상이다. 이와 같은 입장은 소설에는 없는 완전히 새로운 인물인 우소니의 등장과 민족주의적 시위 시퀀스들과 쿠스토차 전투 장면의 삽입을 정당화한다. 그것은 또한 리비아의 경우를 상당히 악화시키기도 하여, 그녀는 애인의 제대를 위해 자신의 보석들을 내놓는 것으로 만족하지 않고, 애초에 그녀가 지지하던 민족적 대의를 배반한다.

레미지오 루즈에서 프란츠 말러로 남자 주인공의 이름이 바뀌는 것은, 소설과 비교해 보았을 때 영화가 갖는 또 하나의 관심사를 보여준다. 그것은 음악인데, 왜냐하면 우리의 주인공 이름은 음악가의 이름이기 때문이다. 장 루이 뢰트라는 이와 같은 이름의 변경이, 귀스타브 말러가 총살 집행반의 손에 맡겨진 탈주병들에게 특별히 바쳐진 〈분데르혼 리데〉를 작곡한 사실과 연관이 있을 수 있다고 지적한 바 있다. 〈일 트로바토레〉 공연으로 영화의 시작을 알리는 오페라 장면은 소설에서 전혀 찾아볼 수 없고, 브루크너의 〈제7교향곡〉의 몇 소절들이 반복 사용되는 것은 소설의 주제 중 하나인 에로스와 타나토스 간의 관계를 매우 넓게 확장시킬 뿐만 아니라 시간에 고유의 리듬을 부여한다.

리소르지멘토

《카이에 뒤 시네마》와의 한 인터뷰에서 비스콘티는 《센소》의 역사적 측면을 강조한 바 있다. "내가 원했던 것은 역사 영화이다. 리소르지멘토에 대한, 이탈리아가 통일을 실현시킬 만한 능력이 없었음에도 불구하고 그것이 이루어졌다는 사실에 관한 영화 말이다. 나는 그 제목을 《쿠스토차 전투》로 하고 싶었다." 그리고 각색을 담당한 수소 체키 다미코는 자료 수집 작업에 두어진 비중이 컸음을 강조한 바 있다. 우리는 이미 이와 같은 계획이 야기한 검열의 문제들을 살펴보았다. 비스콘티 자신이 어떤 식으로 역사 및 자신이 그것에 부여하는 의미를 써나가는지는 조금 뒤에 분석할 것이다. 반면 여기서는 역사가들에게 있어서 이 운동이 대변하는 것이 무엇인지와 감독에 의한 사료편찬학적 해석을 간략하게 탐색해 볼 것이다.

역사에 대한 언급

영화는 다음의 몇 가지 간략한 사항만을 자막으로 제시하면서 시작한다.

베니스 - 1866년 봄.

오스트리아의 베네치아 지방 혹은 공국 점령기 마지막 달들.

이탈리아 정부는 프러시아와 동맹 조약을 체결했다. 독립 전쟁이 임박한 상황.

　유일하게 진정으로 '역사적'인 재현이 빠르게(시퀀스 11a, 11b와 11d, 즉 2시간여에 달하는 영화에서 9분도 채 되지 않는 길이에 해당), 또 구체적인 날짜 제시 없이 이루어지는 것은 이탈리아의 패배와 관련해서이다. 프란츠 말러는 이 패배를 오스트리아 몰락의 서곡으로 간주한다(이는 다소 이른 판단으로 보인다. 왜냐하면 합스부르크 왕가는 1914-18년 제1차 세계대전 때까지, 즉 그 당시 시점으로 반세기를 더 생존할 것이었기 때문이다). 그러나 영화 내내 오스트리아의 점령과 파르티잔들(우소니, 루카 및 다른 동료들)의 활동 문제가 제기된다. 마지막으로 역사적 인물들(라 마르모라, 가리발디)이 여러 번 언급되고, 전투가 진행되는 국제 정세도 언급된다(세르피에리 백작은 프러시아에 의한 홀스타인 정복과 프랑스 황제가 이탈리아 정부 측에 약속한 보증에 대해 언급한다).

　'영화의 지형'이 역사에 의해 조건지어져서 '지시적'인 것이라는 점도 짚고 넘어가도록 하자. 베로나는 베네치아 지방의 '내륙' 도시들 중 하나인데다, 가르데 호수 남동쪽에서 아디제 계곡과 브레네르 고개가 외부로 통하는 지점, 즉 오스트리아와 이탈리아 간의 자연 통로를 통제하는 '4변형 요새지'의 주요 거점들 중 하나에 속한다(나머지 세 곳은 페스키에라 · 만투에 · 레냐노이다). 이와 같은 사실이 바로 베로나에 오스트리아 군대 숙영지와 사령부가 위치하는 것과, 그곳에서 몇 킬로미터 떨어진 곳에 있는 작은 마을인 쿠스토차가 전장으로 변하게 되는 상황을 설명해 준다. 영화는 우선 이탈리아군들이 밀집해 있는 발레지오(베로나의 남서쪽에 있는 도시)로 우리를 데려간 후, 오스트리아군과의 접촉 포인트 중 한 곳인 올리오시로 향하기 위해 우소니가 거치는 행로를 구체화한다. 알데노에 있는 세르피에리 가문 휴양지(실재하지 않음)의 경우, 비스콘티는 그 장소를 베니스와 베로나 바로 사이에 있는 비첸자 근처(로네고에 있는 루고 비첸티노의 고디 별장)에 위치지었다. 반면 보이토는 리비아가 가르데 호수 북쪽의 트렌토에서부터 출발하는 것으로 묘사하고 있다.

《센소》에 나타난 리소르지멘토

사실 《센소》는 이탈리아 역사에서 매우 중요한 시기의 마지막 단계 중 하나, 즉 1830년에서 1870년까지의 기간을 다루고 있다. 이 기간에 전 국민의 지지를 받은 혁명 운동, 리소르지멘토에 의해 이탈리아의 민족 통일이 확립되는 것으로 간주되고 있다. 이탈리아에 있어서 리소르지멘토는 프랑스 대혁명이 프랑스에서 누리는 신화적이고 근본적인 것과 동일한 가치를 지닌다.

이 운동은 세 가지 목표를 내건다. 민족 통일성(그런데 19세기초 이탈리아는 수많은 공국들로 나누어져 있었다), 헌법에 의거한 자유권의 적용(당시 대부분의 정체(政體)가 신권에 의한 군주제 형태였다), 그리고 독립(몇몇 국가들, 특히 롬바르디아와 베네치아는 오스트리아의 지배하에 있었다)이 그것이다. 리소르지멘토는 1830년부터 비밀

단체의 주도로 전개되기 시작했다. 자유주의 경향들(이들은 헌법군
주제를 요구했다)에 공화국의 꿈이 추가되고, 가리발디가 이에 동참
한다. 매우 낭만적인 이 운동은 일군의 유명한 문학 작품들(만조니·
레오파르디)을 탄생시켰다. 1840년 이후 '사실적인' 부르주아 운동
의 지지를 받던 사부아 왕국(피에몽-사르덴 왕국)은 민족주의 주장
들을 자국의 이해를 위해 도입한다. 1848-1849년 유럽 전체를 강
타한 혁명기에 오스트리아에 대항하는 첫 '독립 전쟁'이 발발하나
실패한다. 그러나 《센소》의 시퀀스 6에서 리비아의 하녀가 언급하
는 새로운 전쟁이 1859년에 일어나게 되어, 피에몽-사르덴의 왕
빅토르-임마누엘의 지휘하에 북부 이탈리아 왕국이 건설된다. 이
작은 국가는, 비스콘티의 다른 영화인 《레오파트》[11]의 배경이 되는
혼란스러운 사건들이 지난 후(남부 이탈리아를 병합함으로써) 1861년
이탈리아 왕국이 된다. 여전히 '이탈리아 민족통일주의'의 영토는
남아 있었다. 교황의 통치하에 있는 로마와 여전히 오스트리아의 점
령하에 있는 베네치아였다.

1866년 《센소》는 쿠스토차 전투의 패배에 이야기를 집중시키지
만, 사실 정말 중요한 사건들은 다른 곳, 보다 북쪽에서 발생한다. 동
일한 형태의 민족 통일 문제가 독일에서도 제기되는데, 그곳에서는
보다 효과적으로 프러시아가 피에몽의 역할을 맡아 자국에 유리하
도록 민족주의 운동을 이용하려고 모색한다. 그러나 프러시아는 오
스트리아의 반대에 부딪친다. 이에 이탈리아는 1866년 4월 프러시

---

11) Laurence Schifano, *Le Guépard*, Nathan, Synopsis, 1990 참조.

아와 동맹을 맺고 공동의 적인 오스트리아에 맞선다. 그런데 프러시아 정권의 신장은 오스트리아뿐 아니라 프랑스에게도 위협적인 것이었고, 이와 같은 사실이 바로 정보를 수집한 세르피에리 백작이 우소니와의 대화에서 언급하는 비밀스러운 합의를 설명해 준다. 이는 오스트리아측에서 나폴레옹 3세에게, 그가 독일의 두 국가 사이에 임박한 전쟁에 개입하지 않을 경우 약속한 사항들(특히 베네치아를 이탈리아 왕국에 반환하겠다는 것)을 지칭한다. 전투는 프러시아의 덴마크 공국 점령을 빌미로 개시되어(다시 한번 세르피에리가 언급한다) 사도와 전투 패배(1866년 7월 3일)를 계기로, 프란츠 말러가 예견한 바 있는 오스트리아의 몰락으로 귀결된다. 그러는 사이 빅토르-임마누엘 왕과 그의 장관 라 마르모라(영화 초반 페니체 극장에서 환호의 대상이 된다)는 6월 20일 전쟁에 돌입한다. 그러나 오래가지 못하고, 그들은 6월 24일 쿠스토차에서 오스트리아군에 의해 밀려난다.

사실 이탈리아 왕국의 창설은 혁명에 의한 쟁취 내지는 심지어 이탈리아 자체의 힘에 의한 것이라기보다는 유럽 열강들의 협상에 따른 결과인 측면이 훨씬 크다. 여기에서 언급하기에는 너무 복잡한 상이한 이유들 때문에 프랑스 황제는 1859년 사부아 왕국을 지지하게 되고, 베네치아(트랑탱과 오아디주·트리에스테는 이때 베네치아로부터 잘려나간다)가 1866년 10월 나폴레옹 3세를 거쳐 오스트리아에 의해 이탈리아 왕국에 바쳐지는 것은 국제 협상의 틀 내에서였다. 그러나 나폴레옹 3세는 일부 여론(영향력이 지대했던 가톨릭)에 이끌려 로마의 자주권을 교황의 권위하에서 군사적으로 보호한다. 이번에는 1870년 프랑스와 프러시아 사이의 전쟁으로 이야기가 종결된다. 프랑스 황제가 스당에서 패전하고 향후 제3공화국이라고 지칭될 공화국에 자리를 양보하게 되자 이탈리아의 왕이 로마로 입성한 것이다(1870년 9월).

리소르지멘토의 의의에 대한 견해들

모든 역사적 현상의 경우들이 그렇듯이, 리소르지멘토에 대해서도 역사가들은 당시 사건에 부여해야 할 의미에 대해 완전히 동일한 입장을 보이지는 않는다. 비스콘티가 활동하던 시대에는 두 가지의 주장이 사료편찬계를 지배하고 있었다.

첫째는 이탈리아의 공식 입장을 대변하여 리소르지멘토의 이탈리아적 측면(Italia fara da se)을 선호하는 주장으로, 18세기(천계론 운동)에서 그 기원을 찾고 일체의 외부 영향을 배제한다. 이는 역사가인 크로체와 젠틸레가 20세기에 전개한 초기 해석에 해당한다. 이 입장은 '혁명'의 열광적인 지지자의 자리에 '민중'을 앉히는데, 특히 '위대한 사람들'의 업적에 혁명의 실현을 돌린다. 이들은 타고난 자질을 인정받는 영웅들이기는 하나, 전략적 서툶 때문에 종종 제거 대상이 되어야 하는 사람들(가리발디)이다.

이와 같은 연극적이고도 중앙 정부를 정당화시키는 '이탈리아' 판에 대치되는 것으로 그람시의 주장이 있다. 파시즘 치하에서 감금되었던 이 마르크시즘 이론가는 특히 리소르지멘토에 관한 연구를 1952년에 출간한 바 있다.[12] 이 저작에서 그는 '모(母)혁명'과 부르주아, 즉 프랑스 대혁명의 영향을 인정하면서 리소르지멘토가 진정으로 이데올로기에 따라 '영웅적 소수'(영화에서 우소니가 구현하는)에 의해 실현되었다는 사상을 거부하고, 민중에 의한 것은 더더욱 아니라고 반대한다. 그가 중심적으로 내세우는 사상에 따르면 리소르지멘토란 '영웅들' 즉 혁명이라는 선택이 사회/경제적 차원의 심오한 동기를 자주 띠는 파르티잔들을 이용하고 회유한 군주제가 실현한 쟁취에 다름 아니다. 민중, 특히 시골 민중은 수동적이었고, 어쨌거나 주변인에 불과했다는 것이다.

모든 비평가들과 역사가들이 강조한 바 있는 비스콘티 감독의 그람시적 입장은 인터뷰에서 종종 확인된 바 있었고("내가 관심을 가진 것은 잘못된 전쟁, 즉 단 하나의 계급에 의해 벌어진, 재난을 야기한 그런 전쟁에 관한 이야기이다"), 영화에도 잘 구현되어 있다.[13] '역사적 영웅들'은 영화에 전혀 등장하지 않는다. 라 마르모라와 가리발디는 페니체 극장의 시위 군중이나 파르티잔들에 의해 잠깐 언급될 뿐이다. 이 극영화의 애국적 '영웅'인 우소니 후작은 그 행위가 유달리 쓸모없는 귀족이다. 영화에서 농부로 나오는 민중은 전쟁에 관심이 없다. 물론 페니체 극장에서의 시위 군중과 파르티잔들이 존재하지만, 전자는 그 옷차림과 행동에 의해 오히려 부르주아에 속하

---

12) 《옥중 메모 *Quaderni di Carcere*》는 1928-1935년에서 1935년 사이에 씌어졌고, 그람시는 1937년 사망했다. 이 책에서 참고한 판본은 1975년판(Turin, Einaudi)이다. 리소르지멘토에 관해서는 *Quaderno 19(X)*, 1934-1935, tome III, pp.1958-2078을 참조하라.

13) 아리스타르코의 견해를 참고하라. *Su Visconti, op. cit.*, pp.60-67. 한편 영화에 대한 세밀한 연구는 Millicent Marcus, 〈Visconti's Senso: The Risorgimento according to Gramsci〉, pp.164-188을 참고하라.

고, 후자는 그 수가 매우 적다. 페니체 극장의 시위는 자발적인 면이 전혀 없다. 왜냐하면 우소니가 꼭대기 좌석 쪽으로 고개를 끄덕이는 것이 다음 쇼트에서 전단지가 뿌려지는 것에 선행하기 때문이다. 혁명 운동은 후작의 통제하에 있는 것으로 보이고, 루카는 다른 파르티잔들과 마찬가지로 우소니가 맡긴 돈을 그들에게 넘기기 위해서는 그의 지시가 필요하다는 리비아의 의견을 수용한다. 쿠스토차의 패배에 대한 묘사의 경우 검열에 의해 종용된 삭제, 특히 비스콘티가 이탈리아의 공식적 입장에 유난히 반대되는 태도를 보여주는 장면의 삭제가 없었다면 훨씬 명백하였을 것이다. 왜냐하면 감독은 그 장면에서 이탈리아의 통일은 군주제가 원한 것이고, 그 군주제가 이루지 못한 것이라는 점을 분명히 밝히기 때문이다. "따라서 전투는 원래 그 중요성이 훨씬 컸다. 우소니가 중대장에게 파르티잔 부대의 개입을 허용하라고 요구하는 장면을 삭제하지 말았어야 했다. 중대장은 대답한다. '마르모라 장군의 지시입니다. 당신들은 꼼짝 말고 있어야 합니다. 교전을 벌여야 하는 것은 정식 군대입니다.'"

'멜로드라마적' 모델

영화의 시작 시퀀스는 영화사의 한 페이지를 장식하게 되었는데, 이탈리아 오페라, 이탈리아 역사, 그리고 두 연인의 만남을 매우 긴밀하게 결합시키고 있다. 사랑 이야기의 전개에 대한 '음악적 해설'은 한 낭만적인 교향곡의 소절들에 의해 이루어진다. 따라서 《센소〉를 이탈리아식 '멜로드라마,' 다시 말하면 이미 언급한 것처럼 음악드라마(뮤지컬드라마)로 간주하는 것이 정당화될 수 있다. 우리는 영화의 구조를 살펴본 이전 장에서, 그것이 음악 작품의 구조와 가깝다고 볼 수 있다는 가정을 하면서 결론을 맺었다. 이번 장에서 우리가 잠깐 다루게 될 것은 두 개의 '인용된 작품들'이며, 그것들의 영화 텍스트 내에서의 기능과 관련된 상세한 측면은 좀더 나중에 분석하게 될 것이다.

이탈리아 낭만주의 오페라: 베르디

역사성과 관련해서와 마찬가지로 비스콘티는 영화가 1956년 파리에 소개될 때 영화의 '멜로드라마적' 성격을 주장하였다. "낭만적인 영화다. 이탈리아 오페라의 진정한 기질(vera vena)이 드러난다. 인물들은 멜로드라마적 이야기를 한다……. 나에게는 그와 같은 사실이 매우 중요하다." 그리고 덧붙여 말했다. "나는 베르디의 〈일 트로바토레〉에 표현된 감정들이 경계를 훌쩍 뛰어넘어 전쟁과 항거의 이야기에 담겨지도록 했다." 제피렐리에 의하면, 그가 이와 같은 생각을 하게 된 것은 베르디의 작품이 마리아 칼라스 주연으로 1953년 스칼라 극장에 올려졌을 때라고 한다.

보이토의 소설이 군소 문학에 속한다면, 〈일 트로바토레〉는 1853년 로마 초연시의 대성공 이래 '고전적' 레퍼토리의 하나가 된 작품이다. 비스콘티는 그것을 정치적으로 사용한다. 무대에서 울려퍼지는 투쟁에의 호소와 반오스트리아 시위(시퀀스 1a) 사이의 긴밀한 관계는 직접적인데다 강조하기에는 너무나 명백하다. 여기에서 테너가 내지르는(또 관습적으로 그의 목소리를 살려주기 위해 악보에 추가되는) 고음의 C조는 흥미롭게도 그가 무대 뒤로 사라진 후에도 극장 안에 계속 울려퍼진다. 박수 갈채와 이탈리아 삼색기의 색을 띤 전단지들과 부케가 뿌려지는 동시에 **"이탈리아** 만세, 라 마르모라 만세, 그리고 심지어 베르디 만세!"의 함성이 터져 나온다. 이 사건은 1866년 5월 페니체 극장에서 실제로 발생한 것 같지는 않다. 그러나 동일한 종류의 사건들이 1842년 〈나부코〉가 공연되던 밀라노의 스칼라 극장 및 다른 곳에서도 여러 차례에 걸쳐 일어났고, 이와 같은 소요가 발생하는 경우는 베르디의 작품이 아닌 것이 공연되는 때에도 포함되었다(예를 들면 극장 안에서 〈노르마〉에 등장하는 주술 **'게라 게라**(전쟁 전쟁)'가 합창될 때).

따라서 영화 속에는 민족 운동에서 몇몇 '애국적' 오페라들이 수행할 수 있었던 역할에 대한 '역사적' 암시가 분명히 존재한다. 이 오페라들은 베르디에게 그의 이름 철자를 이용한 장난[14]을 선물했다. 그러나 비스콘티는 실제로 이탈리아에서 그의 음악이 매우 사랑받고 있음을 상기시킨 바 있다. "당시 이탈리아인들에게는 'Verdi 만세'라고 외치는 것이 단지 'Vittorio-Emmanuele, Re d'Italia 만세'를 의미하는 것만은 아니었다. 그것은 '주세페 Verdi 만세'를 뜻하기도 했다. 그것은 우리가 단호한 음악, 단호한 정신을 사랑한다는 것을 뜻했……. 나는 바로 거기에서 이탈리아 영화를 위한 길 중의 하나, 즉 낭만적 사실주의의 길이 열린다고 생각한다. 우리

---

14) 오페라 도중 'Verdi 만세!'를 외치는 것을 지칭. 〔역주〕

가 가진 오페라라는 원천에서 퍼올리기만 하면 되는 것이다." 실제로 〈일 트로바토레〉는 인물들이 보여주는 정열의 과격함, 멜로디 창조의 뛰어남 및 벨 칸토의 눈부심으로 인해 '낭만적인' 작품이다.

극작 구조의 측면에서 영화와 오페라 간의 유사성들이 감지된다. 《센소》와 마찬가지로 〈일 트로바토레〉는 4막으로 구성되어 있고, 1막의 제목은 영화의 첫 시퀀스의 도전에 부합되는 '결투'인데다, 마지막('벌(罰)')은 즉각적인 처형으로 종결된다. 마찬가지로 오페라 각본에서 의례적으로 등장하여 이야기 전개 조정 역할을 하는 돌발 사건의 연속성은, 돌발 사태를 여러 차례 포함하는 영화에서 다시 발견된다. 마지막으로 주제적 측면에서 봤을 때 이 오페라의 '시나리오' 전체가 복수와 '착각'에 근거를 두고 있다.

스페인 희곡(〈엘 트로바도르〉, 1836, 구티에레스)을 원작으로 한 오페라의 요지를 간략하게 살펴보도록 하자. 마녀 혐의로 화형당한 한 여인의 딸이 루나 백작의 남동생을 납치하여 불에 던져 버렸다. 그런데 사실 그 순간에 정신이 혼란스러웠던 그녀는 착각하여 자신의 아이를 죽게 한 것이었다. 그 아이 대신 그녀는 귀족 아이인 만리코를 키우는데, 그는 '트로바토레(음유시인)'이자 우르젤 백작 측의 파르티잔이 된다. 우르젤은 루나 백작이 수호하는 아라공 왕에 맞서는 세력이다. 원수지간이 된 두 형제는 레오노라라는 동일한 여인을 사랑하는데, 그녀는 만리코에게만 마음이 있다. 두 남자는 1막에서 그녀를 차지하기 위해 싸우게 되고, 부상당한 만리코는 자신의 '어머니' 곁에 몸을 숨긴다. 2막에서 레오노라가 수녀원에 들어갈 채비를 하고 루나 백작이 그녀를 납치하려고 하는 시점에, 만리코는 은신처에서 나와 성의 수호를 책임지는 파르티잔들의 대장이 된다. 그 과정에서 뜻밖에도 백작과 그가 납치해 가고 있는 레오노라를 만난다. 3막에서 루나 백작이 성의 공격을 준비하는 동안 만리코의 가짜 어머니인 아주체나가 잡힌다. 결혼 준비에 여념없던 만리코는 그녀가 화형의 위기에 처해 있다는 사실을 알자 그녀를 구하기 위해 급히 달려간다. 4막에서 그는 감금당하고, 레오노라는 만리코의 자유를 위해 백작에게 몸을 바치기로 하는 동시에 음독을 한다. 좌절하고 분노한 백작은 트로바토레를 즉각 처형하도록 명령하고, 바로 그때 아주체나는 백작에게 그가 남동생임을 밝힌다.

물론 영화와 오페라 사이에 철저한 대응 관계를 확립할 수는 없다. 그러나 혼성이 있음은 명백하다. 영화에서 복수는 리비아의 사랑의 복수이지 아주체나의 혈연의 복수는 아니며, 착각은 비겁한 말러의 성격에 대한 것이지 용감한 만리코의 정체성에 대한 것은 아니지만, 유사성이 그렇다고 낮아지는 것은 아니다. 마찬가지로 레오노라와 만리코의 사랑 이야기가, 한 명은 자살하고 다른 한 명은 처형당하기 때문에 둘 다에게 치명적이 되는 것처럼 《센소》가 보여주는 애정 행각의 결말도 거의 동일하다. 차이라면 레오노라가 성공하지는 못하나 만리코를 위해 자신을 희생하는 반면, 리비아는 말러를 고발한다는 점이다. 마지막으로, 원수지간의 형제라는 주제는 정치적 기능을 한다. 루나와 만리코는 단지 레오노라를 두고 싸우는 경쟁자일 뿐만 아니라 내란을 배경으로 대적하는 것이다.

상황과 인물의 유사성으로 인해 오페라의 전통적 역할들, 특히 프리마돈나와 테너의 역할과 영화 주인공들의 역할 간의 비교가 정당화될 수 있다.[15] 영화가 오페라의 뒤집힌 반영으로 보이는 것은, 우리가 영화에서 감지했던 거울 구조는 물론 앞으로 살펴보게 될 오프닝 시퀀스의 프레임 조정 양상에 대해 주목하도록 한다.[16]

독일 낭만주의의 멜랑콜리(우울): 브루크너

"〈제7교향곡〉의 사용은 천재적인 발상이었다. (…) 브루크너 예술의 진면목은 바로 그곳, 즉 감각들의 슬픈 고행, 관능에 대적하는 기독교의 투쟁에서 드러난다. 아다지오의 엄숙한 조화들은 비열한 사랑을 위해 베니스 골목길의 밤 그림자 뒤에 은신처를 찾는 불륜의 커플이 겪는 고통과 연계됨으로써 진정한 의미를 획득한다."[17] 나아가 베르디에서 브루크너로 이행함에 따라 영화는 타오르는 벨칸토와 격렬한 기세에 이끌리는 이탈리아 낭만주의와, "다가오는 피할 수 없는 죽음에 대한 예감"으로 가득 차고, "명상적이고 꿈꾸는 듯한 분위기"[18]가 형식적 구성의 엄격함과 섬세한 관현악 편성에 의해 발생하는 오스트리아 낭만주의를 이어주고 또 대비시킨다.

이 음악은 〈일 트로바토레〉처럼 위대한 작품에 속한다. 브루크너

---

15) 이 책의 '주제와 인물' 파트를 참조하라.

16) '영화의 구조' 파트와 '비스콘티식 미학' 파트를 참조하라.

17) Massimo Mila의 말을 Gianni Rondolino가 인용(*op. cit.*, p.315). 저자의 번역.

18) 전체적인 음악 분석을 위해 앞서 언급된 장 피에르 고드바르주의 기사, 특히 p.31과 p.38에서 p.43까지를 많이 인용하였다.

가 생전에 베르디가 누린 프랑스의 빅토르 위고에 상응하는 인정을 받지 못한 것은 사실이나, 1883년 작곡된 〈제7교향곡〉은 그에게 큰 성공을 가져다 주었다. 매우 엄격한 구성으로 인해 이 곡은 "한 음악 형식의 종합이자 최상의 형태"를 보여주고, 베토벤식의 형태에서 비롯된 '낭만적 고전주의'에 비해 그 새로움이 음악학자들에 의해 강조되었다. 이와 같은 브루크너의 형식은 "면들이 서로에게서 튀어나와 조응하는 확장된 구조물들을 쌓아올리도록 하는" "음향의 재료를 지배하고 구조화하려는 의지"와, '낭만주의' 교향악의 멜로디 약진을 중단시키지 않은 채 반복 도입되는 '바로크 시대의' 폴리포니와 대위법의 사용을 특징으로 한다.

이 책에서는 작곡의 구체적인 면이나 《센소》에 사용되지 않은 3악장의 스케르초 비바체와 피날레도 논의에서 제외시키고자 한다. 제1악장의 알레그로 모데라토는 첫 두 개의 선율적인 테마(주제)와 나머지의 운율적인 테마, 이렇게 세 가지 테마를 기반으로 구축되는데, 이들은 우선 등장했다가 반음계의 멜로디 변주곡으로 서서히 약해진 다음 처음 테마를 고양시키는 코다가 등장하기 전에 다시 부각된다. 두번째 악장은 아다지오 몰토 렌토 에 마에스토소(Adagio molto lento e maestoso)로, 작곡가는 바그너가 개발한 '투벤(tuben)'을 사용하여 두 가지 테마를 교차시킨다. 첫 테마는 매우 멜랑콜리하고 가끔 비통하며, 두번째 테마는 훨씬 밝고, 브루크너가 동시에 작곡한 테 둠(Te Deum: In te dominum speravi)이 잠깐 선행된 후에 흐른다.[19]

교향곡에는 〈일 트로바토레〉와의 비교를 통해 시도한 것과 같은 영화와 직접적으로 비교할 수 있는 극적(드라마적) 요소들이 존재하지는 않는다. 그러나 리비아와 프란츠의 관계를 둘러싸는 시적이고 음산한 분위기는 "일종의 레퀴엠을 형성하기 때문에 매우 특수한 성격을 띠는" 첫 악장과 둘째 악장에서 뽑은 소절들과 연관성이 있다. 브루크너에 따르면, 첫 악장의 첫 테마는 고인이 된 친구 도른이 꿈에 나타나 불러준 것이라고 한다. 두번째로 인용된 "리하르트 바그너를 추모하는 음울한 오드"는 바그너가 사망——그의 사망도 1883년에 발생——하기 얼마 전 착수된 것이다. "하루는 아주 지친 상태로 귀가중이었다. 나는 스승님께서 살 날이 얼마 남지 않았음을 느꼈고, 올림C단조의 아다지오가 문득 떠올랐다." 그러나 영화에 대한 음악의 영향력이 예감되는 것은, 무엇보다도 교감과 반복-변주들의 유희를 보여주는 영화의 구조와 문체 차원에서이다.

그러므로 비스콘티는 자신이 연출하려는 세계의 분위기를 섬세하고 정확하게 상기시킬 수 있도록 해주는 일련의 참고 자료망을 대상으로 하여 작업하는 셈이다. 그것들에 대한 수정을 각오하고서 말이다. 일례로 보이토의 백작부인이 트렌토에 사는 반면, 리비아 세르피에리는 베니스에 산다. 1881년, 베니스는 여전히 오스트리아에 속해 있었고, 중부 유럽의 운명이 결정지어지는 1919년까지 그 상황은 지속된다. 그러나 트랑탱과 오아디주(이탈리아 티롤 지역)에

---

19) 이 점에 관해서는 Jean Gallois, *Bruckner*, Paris, Seuil, collection Solfège, 1971, pp.143-154를 참조하라.

친이탈리아적인 경향이 존재했음에도 불구하고 《센소》가 촬영된 1950년대까지도 친오스트리아 세력이 남아 있었다. 따라서 감독이 리소르지멘토의 역사에서 보다 큰 의미를 함축하는 도시를 선택한 것이 이해된다. 그럼으로써 그의 해석이 더 생생해지는 것이다.

이와 같은 참고 자료들 자체간에 많은 교감이 있음을 살펴볼 수 있다. 그들간의 관계는 역사적으로 틀지어진 단일한 순간에 중심 이야기를 위치짓기를 거부함에 따라 영화에 시간적 밀도를 부여한다.

그래서 보이토의 소설 끝에 텍스트의 결미인 "리비아, 당신은 천사요"라는 문장은 〈라 트라비아타〉의 가장 유명한 곡 중 하나인 〈천사처럼 순수한〉을 여지없이 상기시키게 된다. 이는 조롱의 효과를 수반하는데, 왜냐하면 비올레타와는 반대로 백작부인은 실제로 '부정(不貞)한 여자'이기 때문이다. 그런데 레미지오는 베로나에 있는 그의 방에 '알렉상드르 뒤마의 소설 전집'을 보유하고 있다. 따라서 베르디가 〈일 트로바토레〉를 작곡하고 있을 무렵 영감을 얻은 책 《춘희》도 아마 있었을 것이다. 왜냐하면 베르디는 두 오페라의 작곡을 동시에 진행시키고 있었고, 이 둘은 1853년 같은 해에 완성되었기 때문이다. 그리고 비스콘티가 1955년 스칼라 극장에서 마리아 칼라스 주연으로 〈라 트라비아타〉를 무대에 올렸을 때, 그 배경은 1880년으로 옮겨진다!

또 다른 조직망이 존재한다. 보이토의 소설과 〈제7교향곡〉은 같은 해, 즉 1883년에 탄생했다. 아다지오가 표현하는 "리하르트 바그너를 추모하는 음울한 오드"는 바이에른의 루트비히 2세에게 헌정되었는데, 그는 1859년 베니스에서 일부 작곡된 트리스탕에서 가져온 모티프들이 지배적인 영화 《루트비히 2세》의 주인공이다. 그리고 브루크너의 심포니들은 1865-66년부터 〈제1교향곡〉과 함께 시작되었다. 이 시기는 바로 저자가 다루는 비스콘티 영화의 시대적 배경이자 루트비히 2세가 개입되었던 오스트리아의 패배에 해당되는 시기이기도 하다.

그러나 근본적으로 비스콘티는 그가 영감을 얻었던 세 가지 원천, 즉 보이토의 소설, 리소르지멘토에 대한 그람시의 견해, 그리고 음악적 낭만주의의 두 형식 사이의 대비로부터 한 이야기의 줄거리, 정치적 분석, 그리고 서술상의 전략들을 가져온다. 그럼에도 불구하고 곧 이 책에서 살펴보게 될 것처럼 감독은 그것들을 부분적으로 가져오면서도 동시에 고유의 문체에 의해 그것들을 초월하거나 전복시키며, 《센소》가 개봉될 당시인 20세기 중반의 기존 체제에 의해 여전히 상당 부분 연장된 19세기말의 것과는 완전히 상이한 세계관을 보여준다.

주제와 인물

개인의 사랑 이야기와 애국심의 명목으로 행해졌으나, 실은 한 사회 계층의 배타적 이해에 의한 국가적 사건간의 결합이 명백하게 영화의 중심 모티프가 되고 있다. "내 생각은 이탈리아 역사에 대한 전체적인 그림을 그리는 것이었고, 그것을 배경으로 세르피에리 백작부인의 개인적인 연애 사건을 부각시키는 것이었다. 그런데 근본적으로 그녀는 한 계층의 대변자였을 뿐이다." 따라서 인물들 뒤로, 개인과 그가 속하는 단체의 역사적 변천간의 관계 및 개인적 비극과 집단적 파탄 간의 뒤얽힘 문제의 윤곽이 그려진다.

영화의 흥미로운 점은 모두 비스콘티에 의한 이중 게임 속에 있다. 그는 연극의 주인공 같은, 따라서 '심리'보다는 '역할'을 더 많이 갖는 인물들을 연출하나, 사실 그들은 바로 그 역할을 다하지 못하는 패배자들이다. 리비아는 그녀 자신이 가지고 있는 사랑의 열정에 대한 낭만주의적 개념에 따라 재구성한 인격을 소지한 연인의 이미지에 빠져든다. 한편 그 연인은 제대를 위해 내팽개친 군복과 더불어, 그가 어린 시절 꿈꾸던 서사적인 영광을 상실한 것을 견디지 못한다. 두 연인이 살고 있는 세계는, 그들의 통제를 벗어난 채 공식적인 관습이 제안하는 역사의 과장된 그림 뒤에서 작용하는 어두운 힘들에 의해 제어된다. 위대한 전투들이기는 하지만 사실상 어떻게, 또 왜 그런지도 모르는 채 모든 사람이 패배하게 되는 그런 곳이다.

따라서 영화의 관점은 그것이 연출하는 '신화들' 즉 여성들에게는 사랑, 남성들에게는 영광, 국가들의 경우에는 통일과 자유에 해당하는 그러한 신화들에 대해 근본적으로 비판적이다. 그런 연유로 인간 존재에는 의미를, 그리고 행위에는 동력을 부여하려고 구축된 재현적인 신화적 이미지들은 영화에서 해체되는 것이다. 그러나 역설적으로 《바게 스텔레 델레 오르사》와 관련하여 비스콘티가 언급하게 될 '비존재의 드라마(dramma del non essere)'가 보여주는 희생자적 인물들의 그림자 뒤에는, 이 장에서 그 흔적을 찾아보게 될 고풍적 이미지들, 특히 운명의 이미지가 끈질기게 남아 있다. 실제로 신화적 사상의 힘이 유지되는데, 그 힘은 자신을 구축하지 못하는 주체(개인이나 집단)의 부족함을 메우고, 허망한 행위의 비효율성을 인정하고, 자신의 가치들을 더 이상 감당할 수 없게 된 문명을 절망에서부터 보호하기 위해 필수적인 것이다. 비스콘티에 따르면 이 문명은 19세기 후반부터 이미 훼손되기 시작했고, 20세기 중반에 이르러 이해 관계에 의한 싸움들을 가리기 위한 공허한 담론에 의해 대체되었을 뿐이다.

리비아 혹은 '여성들의 패배'

사랑의 정열과 역사적 비극을 동시에 경험하는 중심 인물인 세르피에리 백작부인은 관객의 주의를 집중시킨다. 영화는 우선 헨리 제임스식으로 말하자면 '한 귀부인의 초상'을 보여준다. 그녀의 행동은 그녀가 거만한 죄수로서 소속되어 있는 세계에 의해 결정되고 처벌된다. 동시에 그런 면에서 보이토의 소설과 근접하면서도 그것을 초월하는 《센소》는 여성의 정체성 추구의 불가능성을 보여준다.

사회적 기능: 인형

주인공에 대한 관객의 욕망을 촉발시키기 위해 으레 지속되는 기다림의 시간에 기인할 뿐인 약간의 지체에도 불구하고 중심 인물의 등장은 빠른 편이다. 그런데 이 지체로 인해 사회에서의 여성들의 지위가 명백해진다.

리비아는 사회/문화적·정치적 틀이 설정된 후, 즉 〈일 트로바토레〉의 3막이 종결되면서 시위가 끝난 후에 등장한다. 우선 남편이 오스트리아 당국자들과 대화하는 쇼트에서 그녀의 일부가 화면 전경에서 지나가는 것이 보인 후, 남자들이 나가자 시야 내로 뒷모습이 들어와 복스석의 난간에 기대러 가는 모습이 보인다. 이어서 카메라는 허리 쇼트로 그녀의 측면을 잡아 주고, 이때 그녀는 1층 좌석을 관찰하고 있다(사진 7). 우소니가 그녀를 발견하고 부케를 던지자 그녀는 부케를 입술에 갖다댄다. 그녀가 결투 신청 및 처음으로 말러를 보게 되는 것은 바로 그 자리에서이다. 여주인공의 지위는 금세 정해진다. 복스석, 즉 사회의 최상층에. 단 그녀는 먼저 소개되는 그녀의 남편 뒤나 사촌을 통해서만 존재할 뿐이다.

첫 시퀀스 전체를 통해 그녀의 지위를 특징짓는 모호함이 확립된다. 단지 그녀가 친오스트리아 고위 공직자의 아내이면서 동시에 이탈리아를 위한 대의에 공감하기 때문만은 아니다. 왜냐하면 이 경우 그녀는 단지 지배 계급 내의 분열을 상징할 뿐이기 때문이다. 모호함은 여자로서의 상황, 존경받고, 숭배되고, 비위를 맞추려는 사람들로 둘러싸여 있으면서 완전히 무능한 그녀의 상황에 기인한다. 물론 그녀는 자신이 하고 싶은 일만 한다고 단호하게 말하지만("당신도 잘 알죠, 내가 원하는 것만 한다는 사실을"), 백작이 그녀가 드레스의 파인 가슴 골 부분에 넣어둔 부케를 집어내 버리자 그냥 놔둔다. 그녀는 사촌을 돕기 위해 무엇을 할 수 있을지를 탐색하지만, 바로 이와 관련하여 그녀의 무능함이 드러나게 된다. 말러를 쉽게 소개받기는 하지만 그 과정에서 우소니를 위한 도움은 전혀 얻어내지 못한다. 그녀가 발견한 유일하게 효과적인 방책은 다시 남편이 나서 줄 것을 부탁하는 것인데, 그는 그녀를 어린아이처럼 나무라며 거절한다.

영화의 전체 구조는 내내 이와 같은 무력함을 유지시킨다. 그럼으로써 영화로부터 위임받은 내레이터의 지위에도 불구하고 리비아는 이야기의 진전을 전혀 통제하지 못하는 것이다. 마찬가지로 그녀의 내적 초점화가 표현되는 처음 두 경우에 있어서도 말러가 천천히 접근함에 따라 '덫에 걸리는' 그녀를 보여주거나(시퀀스 3), 중위가 사라진 것을 헛간에서 발견할 때 놀란 그녀를 보여준다(시퀀스 9). 그를 고발하러 가겠다는 '결정' 조차도(시퀀스 14) 전혀 의식적으로 한 것으로는 보이지 않고, 다시금 완전히 경멸적인, 이번에는 총사령관이 하는 훈계("생각 좀 해보시기 바랍니다, 백작부인! 밀고는 비열한 짓입니다! 그리고 당신의 행위는 살인이오!")로 귀착된다.

여기에서 상류 사회에 속한 귀부인의 '역할'이 무엇인지를 확실하게 읽을 수 있다. 겉으로 보이는 것들, 지위와 아름다움에 연유한 아첨, 상대적인 행동의 자유로움에도 불구하고 그녀는 여전히 보호하에 있는 '미성년'이다. 그녀에게 요구되는 유일한 기능은 재현의 기능으로, 극장에서 이루어지는 오스트리아 당국자들과의 대화나,

특히 자신의 파인 드레스의 맵시를 가다듬는 거울 쇼트에서 그녀는
이를 완벽하게 소화한다.

또 다른 가능한 기능으로 그녀가 역시 잘 감당해 내는 것은 성적
대상으로서의 기능이다. 다시 한번 첫 시퀀스에서부터 그녀의 목에
꽂히는 말러의 시선들은, 말하자면 의미가 분명하다. 이와 같은 역
할을 승낙함으로써 즉시 귀부인이 창부로 변한다. 젊은 군인들의 숙
소에 처음 도착하자마자 그녀는 휘파람과 탄성("인형이 하나 왔네!
(Das ist eine Puppe)")을 야기한다. 이 점과 관련하여 베로나의 에피
소드는 아주 명확하다. 자신의 마차 안에서 이름 덕택에 그녀는 원
하는 것을 얻을 수 있다. 통행증 없이 도시에 들어가는 것을 포함하
여. 그러나 혼자가 되어, 게다가 거리를 걸어다니게 되자 그녀는 금
세 주변 여자들과 뒤섞이게 된다. 클라라는 분명 그녀의 분신으로서
등장한다. 특히 코르셋 장면의 반복과 세번째 내적 초점화에 의해
서다. 이때 비극은 성적 대상이 매력이 있으려면 항상 바뀌어야 한
다는 사실에 있다. 베일을 벗기는 행위의 반복이 이를 상징한다. 얼
굴은 몸에 상응하여, 처음에는 말러가 자신이 탐내는 입술을 조심
스럽게 드러내는 반면, 두번째에는 시든 얼굴로부터 베일을 거칠게
벗겨낸다. 빛나는 클라라가 칙칙한 리비아를 대체한다. 말러가 상
스럽게 그녀에게 암시하듯이, 리비아가 늙었기 때문이라기보다 성
적으로 낡았기 때문이다.

알리다 발리의 연기로 그와 같은 역할에 심리적 깊이를 주는 표현
들(욕망, 버림받음, 불안, 고통……)이 입혀지기는 하나, 핵심은 여성

의 지위를 연출하는 것이다. 제한된 기능들 속에 갇히는 것은 성적인 절망을 초래하고, 모든 진정한 사회적 책임을 금한다. 이와 같은 관점에서 보면, 백작부인의 배반들(혁명에 대한 것이든, 말러 자체에 대한 것이든)은 아주 논리적인 반응일 뿐이다. 계속 어린아이 취급을 받아 온 상황에서 그녀가 애국적 '의무'를 감당할 수 없는 것은 당연하고, 또 즉각적인 복수의 반응을 보일 수밖에 없는 것이다. 연인의 편지를 끝맺는 "내가 당신을 사랑하는 것처럼 항상 나를 사랑해 주오"라는 요구에 그녀는 정확하게 대답한다. 그녀의 고발은 자신에 대한 말러의 잔인함에 대한 보답인 것이다.

발견할 수 없는 정체성

리비아가 진정한 자주적 '주체'인 적이 한번도 없다는 사실은 여성의 정체성 문제를 분명히 드러낸다. 이 문제는 보이토의 백작부인을 특징짓는 나르시시즘에 의해 표출되지는 않는다. 그 백작부인은 자신을 찾는 데 도움이 되기 위해 거울과 비밀 일기를 통해 행해지는 '분석적 치료'의 가능성을 갖고 있었다. 세르피에리 백작부인도 거울이 부족한 것은 아니지만 그녀가 거기에서 찾고자 하는 것은 자신의 미(美)의 그림자가 아니며, 그녀의 사후 이야기는 현재가 없는 상황에서 그녀를 안심시키지 못한다. 보이토의 소설과는 달리 영화는 백작부인의 과거 행적만큼이나 사건 종결 후의 뒷이야기에 대한 정보도 제공하지 않는다. 뿌리도 미래도 없는 그녀의 정체성은 불확실성에 의해 잠식당한다. 이는 이야기 해설을 위해 등장하는, 출처를 알 수 없는 보이스 **오버**에 의해 리비아의 인격의 이분화가 야기되기 때문이다. 그녀는 자신이 서술하고 있는 과거와 그녀가 말하고 있는 알 수 없는 미래에 동시에 속해 있다.

영화의 주인공으로서 그녀가 행하는 탐색에서 본연의 목표는 다른 것에 의해 대체된다. 우선 사촌을 지원함으로써 혁명을 돕는 것이었다가, 말러가 대변하는 사랑이 목표가 되는 것이다. 그녀는 혁명을 돕지도, 사랑을 얻지도 못한다. 사실 그녀는 인정받지만 절망적인 역할(사회적 재현의 역할)에서부터 말 그대로 막다른 벽이 아니라면 어떻게 표현할지 알 수 없을 지점——왜냐하면 그녀가 영화에서 사라지는 것은 바로 이런 식이기 때문이다——으로 그녀를 이끄는 통제되지 않은 통과의례를 치르는 것처럼 보인다. 이는 그녀가 보여주는 한 곳에 머무르지 못하고 한 곳에서 다른 곳으로 끌려들어가는 끝없는 왕래의 행각에 반영된다. 말러와 함께 베니스에서, 홀로 혹은 남편에 의해 미행당하면서, 마차 안에서 혹은 그녀가 결국 길을 잃어버리게 될 베로나에서처럼 외부에 노출된 채 사적인 공간들에서, 그녀는 늘 문·복도·계단·회랑 등을 통해 '지나쳐 가고 있다.'

이와 같은 의식은 그녀에게 아무 도움이 되지 못하는데, 왜냐하면 자각이 너무 늦게 오기 때문이다. **오프** 공간에서 진행되는 이야기는 리비아를 항상 덫에 걸린 것으로 보여줌으로써 영화 이야기가 부인하는 일종의 명철함을 보여주는 듯하다. 그녀는 착각의 논리만큼이나 이중성의 논리를 따르는 것이다. 사촌을 도우러 갔다가 말러가 자신의 뒤를 쫓아오도록 놔두는 것, 기만적인 핑계——오직 중위만이 이탈리아 애국자를 도울 수 있다고 스스로를 설득하는 데 성공한 것——에 의한 것인 줄 알면서도 말러를 찾아가는 것은, 백작부인으로 하여금 불가능한 모험을 감행하도록 부추기는 욕망의 증거들이다. 모험의 파국적인 결말("내일은 없고 단지 지금만이, 프란츠")과 환상적인 성격("나는 배반했었다……. 무분별한 꿈을 실현하려고")을 모르지 않는 것처럼 행동하면서도, 그것이 그녀로 하여금 찾아오지 말 것을 각별히 당부하는 사랑의 편지를 읊조리며 베로나로 떠나는 것을 막지는 못하는 것이다!

리비아는 그녀를 기다리고 있는 것이 실패임을 안다. 그럼에도 그것을 인정하기를 거부하는 것은, 자신의 존재를 느끼기 위해서 사랑의 환상을 필요로 하기 때문이다. 실제로 그녀는 고유의 정체성이 없고, 가장(假裝)해야만 하는 처지에 있다. 첫 시퀀스에서 복스석의 거울에 자신을 비춰 볼 때(사진 8), 그녀 뒤에서 무대의 커튼이 올라감으로써 그녀를 소프라노의 진정한 분신격 배우로 변화시킨다. 이탈리아인들은 공연 자체보다는 다른 이유들로 해서 오페라에 찾아온다고 강조함으로써, 그녀는 상류 사회의 귀부인이 그곳에서 자신을 무대에 올린다는 것과 방금 일어났던 정치 시위에 대해 동시에 암시한다. 여하튼 그녀는 여기에서 백작부인과 애국자라는 이중 역할을 하고 있는데, 그 역할을 정열에 의해 소외되는 사랑에 빠진 여인의 역할로 대체하게 된다. 알데노의 침실에서 화장대를 짚고 있는 그녀의 뒷모습이 보일 때, 거울 속에 보이는 프란츠의 얼굴이 그

녀를 대신하게 된다(사진 9). 그녀가 바로 그에게 동일화됨으로써 '낭만적인 사랑'이 용인하는 눈속임의 기능이 명백히 드러난다.

  백작부인은 사실 도치된 디바(프리마돈나)의 모습이다. 첫 시퀀스는 섬세한 프레임들과 목소리라는 장치를 통해 리비아와 레오노라를 서로의 분신의 자리에 놓는다. 오페라와 영화의 논지를 비교해 보면 확인된다. 비평가들은 흔히 리비아를 '반-토스카'라고 이야기한다. 이는 푸치니[20]의 여주인공에 이르러 레오노라에게서는 아직 희미해 보이는 여성상, 사랑에 의해 자신(개인적인)의 삶과 동시에 '명예'(성적(性的)인)의 희생이라는 최고의 희생에 이르는 여성상이 작렬하게 되기 때문이다. 제유법에 의한 전염으로 오페라의 주인공이 되는 리비아는, 모든 프리마돈나가 그렇듯이 '여성들의 패배'를 증언하며, 규탄받거나 희생됨으로써 그들의 삶을 죽음이나 광기로 끝맺으며 다른 길이 없기에 "죽게 놔두세요(Lasciatemi morir)"[21]라고 요구하는 여인들과 동일한 운명을 맞이한다.

영웅들의 최후

백작부인이 유명한 오페라의 여주인공들처럼 희생자로 보인다고 해서 그 상대역들이 더 나은 운명을 가진 것은 아니다. 상대역들이라고 복수를 사용한 것은 영화에 등장하는 세 남자들 때문이다. 반면 소설에서는 두 명의 꼭두각시에 의해 그 가치가 보다 부각되는 잘생긴 남자 주인공 한 명만이 등장한다. 그 두 명, 즉 늙은 남편과 초라한 변호사의 기능은 전자의 경우 여성에게 사회적 지위를 부여하는 것이고, 후자는 그녀의 나르시시즘적 상처들에 붕대를 감아 주

---

20) 〈토스카〉는 1900년에 작곡된 푸치니의 오페라로 빅토리앵 사르두가 사라 베르나르를 위해 쓴 희곡에서 영감을 받은 것이다.

21) Catherine Cément, *L'Opéra ou la défaite des femmes*, Paris, Grasset, 1979를 참조하라.

는 것이다. 이 원생 동물들은 깊이라고는 거의 없는데다 리비아의 시선과 평가를 통해서만 존재한다. 반대로 비스콘티의 남성 인물들은 고유의 견실함, 심리적이라기보다는 사회 신분에 따른 견실함을 보유하고 있다. 그러나 그들은 세르피에리 백작부인과 마찬가지로 연극 레퍼토리의 '캐릭터'들이기도 하고, 그러기에 현실 세계에서 더 이상 의미를 지니지 못하는 재현된 마네킹들이기도 하다.

세 가지 귀족의 형상

《센소》에서는 단 하나의 계층, 즉 전쟁에 패했음에도 불구하고 위협받는 권력을 여전히 행사하는 귀족 계층이 연출 대상이다. 현실적 · 낭만적, 그리고 파렴치한 세 개의 '가면들'[22]이 그 스펙트럼을 그려준다.

세르피에리 백작은 '친오스트리아적' 입장과 뒤이어 베네치아가 해방될 것이라는 확신에 의해 정당화되는 돌변적 태도를 보임으로써 지배 계급들의 '현실적' 태도를 표현한다. 그의 베네치아식 성과 알데노의 넓은 영토가 증명하듯이 부유하고, 고위 공직자이자 영주로서 활동적이며, 중대한 정치적 사안들에 정통한 그는, 지위를 유지하기 위해 항상 준비하고 만들어 내는 권력의 형상을 대변한다. 그는 정치적 문제가 해결되고(전쟁초 시골에 정착한다) 애정 문제가 일단락되자(백작은 시퀀스 9에서 '하루 동안의 여행을 떠나'지만 영화가

---

22) 가면에 관해서, 그리고 '테너 죽이기'의 분석을 위해서는 잡지 《콩트르플롱제》의 비스콘티 특집에 실린 도미니크 샹젤의 글을 참조하라.

끝날 때까지 다시는 나타나지 않는다) 합당하게 모습을 감춘다. 그러나 그가 '좀비' 상태에 처했을지라도 부인을 다시 찾아오고, 또 이탈리아의 통일이 실현되면 우소니의 보호를 받는다고 해서 오직 타인을 위해 고생하지 않을 것이라고 말할 수 있는 근거는 전혀 없다.

로베르토 우소니가 바로 동일한 사회 계층의 이면, 보다 낭만적인 면을 대변하면서 《레오파드》의 탕크레드처럼 혁명의 전투에 참가한다. 리비아의 경우와 마찬가지로 그의 선택을 뒷받침하는 동기들에 관해서는 어떠한 언급도 없다. 그가 유일하게 내뱉는 중요한 말로는, 시퀀스 6에서 모두가 기다리던 그 순간이 도래했을 때 자신은 행복하기도 하고 불안하다고 하는 것이 있다. "이탈리아는 전쟁을 하고 있다. 우리의 전쟁, 우리의 혁명을." 이 '우리의'는 파르티잔들의 것을 의미하지만, 후작은 자신의 계급을 부인하지 않는다. 그리고 당장은 아무것도 약속할 수 없다고 대답하는 데에 그침으로써 백작이 제안하는 상호 지원을 거절하지 않는다. 그럼에도 불구하고 탕크레드와는 달리 로베르토는 파렴치할 필요까지는 없다. 사실은 말러가 그 측면을 떠맡는다.

비평가들은 상당히 자주 두 캐릭터를 대비시킨다. 그리고 비스콘티에게 부정적 주인공인 말러에 비해 긍정적 주인공인 우소니가 허약하다고 비판한다. 말러는 시퀀스 1, 2, 6과 특히 시퀀스 11에만 주로 등장하는 우소니에 비해 그 '존재감'이 훨씬 강하다. 마시모 지로티가 평가한 그의 위엄, 즉 그의 지위, 귀족의 의상, 그리고 민족적인 열정을 제외하고는 로베르토 우소니라는 인물은 별 견실함이 없다. 반면 말러는 보다 풍부하고 불확실한 인물이다. 보이토의 레미지오 루즈에서 비롯된 그는, 덜 천한 아름다움과 덜 눈에 띄는 관능성을 지닌 것으로 묘사되어 약함과 명철함의 특징을 동시에 보여준다. 이런 특징을 신중하지 못하게 리비아에게 행사하지만, 그 특징으로 인해 흥미로운 인물이 그려지는 데에는 변함이 없다.

말러는 자신의 정부의 복제판과도 같은데, 그가 베로나의 방에서 그녀에게 상기시키듯이, 자신의 것이기도 하기에 더욱 잘 느껴지는 그녀의 취약함을 이용한다. "그외의 것을 보면 당신, 당신은 나처럼 사고하지⋯⋯. 그렇지 않다면 한 시간의 사랑을 얻기 위해 나에게 돈을 지불하지는 않았을 거야." 그는 여자들의 사랑과 제복이 부여하는 것 외의 정체성은 가지고 있지 않다. 이와 같은 맥락에서 베니스에서 그가 깨어진 거울조각을 줍는 순간은 특징적이다("나는 거울 앞을 절대 그냥 지나치는 법이 없소⋯⋯. 나는 내가 나 자신임을 확신하기 위해 거울을 들여다보는 것을 즐깁니다"). 그의 이런 말의 진실성에 대해 의혹을 품을 수 있는데, 그 이유는 그가 이와 같은 고백을 통해 보다 효과적인 유혹을 시도하려고 하기 때문이다. 그러나 제복이 실내복으로 대체됨으로써 그가 모든 정체성의 보철들을 빼앗기는 베로나 시퀀스에서는 상황이 달라진다. "나는 이제 더 이상 장교도 귀족도 아니지. (⋯) 술 취한 탈영병이야." 베로나에서 그의 거친 언행은 시니컬함보다는 절망의 결과, 즉 자신의 입장을 세울 수 없는 남자의 절망에 따른 것이다.

그러나 리비아를 대체하여 그의 얼굴이 비치는 거울 쇼트(시퀀스 7)에도 불구하고 그를 완전히 그녀의 분신으로 간주할 수는 없다. 그는 여성에 비해 개인적이자 정치적인 명철함이라는 장점을 가지고 있음으로써 백작부인이 빠져들어가고 있는 낭만적 사랑의 환상("나를 실제의 모습으로 보려고 하시오. 당신의 상상이 창조한 바대로가 아닌")과 그의 세계의 사라짐을 선언할 수 있다. "나는 비겁하기 때문에 탈영병이오. 그러나 탈영병인 것도, 비겁자인 것도 마음에 들지 않는 것은 아니오. 내 동지들이 전쟁에서 패할 것을…… 그리고 전쟁에서만이 아닐 것을 알고 있는 마당에, 그들이 오늘 쿠스토차라는 곳에서 벌어진 전투에서 승리했다 한들 내게 무슨 의미가 있겠소. 얼마 지나지 않아 오스트리아는 최후를 맞이할 것이오. 그리고 한 세계가 소멸할 것이오. 당신과 내가 속한 세계가. 그리고 당신의 사촌이 말하는 새로운 세계는 내게 아무런 흥미도 없소. 그런 짓거리들에 휘말리지 않고 찾을 수 있는 곳에서 자신의 즐거움을 만끽하는 것이 낫지." 이와 같은 명철함에 의해 극작법 구조 내에서 그가 하는 기능을 해명해 주는 하나의 힘이 가능한 것이다. 왜냐하면 행위를 진전시키는 것은 진정 돌발 사태라고 할 만한 그의 갑작스런 등장들에 의한 것이기 때문이다.

만리코의 이분화 혹은 '테너 죽이기'

사실 뒤집힌 분신의 형상은 우소니와 말러 간에 구축된다. 두 인물은 서로 대립되면서 대체 장치를 통해 서로를 대신한다. 이 장치는 그들이 동일한 역, 즉 〈일 트로바토레〉에서 만리코가 구현하는 기사도적 이상의 상징이자 영웅주의와 대담함과 관용의 형상인 오페라 테너 역의 양면에 불과하다는 점을 드러낸다.

리비아와 그들의 관계가 드러나기도 전에 우소니와 말러는 서로 대립한다. 영화 초반부터 대체의 과정은 시선들의 순환에 상응하는 부케의 순환에 의해 표현된다. 우소니가 리비아에게 던진(그리고 세르피에리 백작이 몰수하는) 꽃들은 말러가 우소니에게 던짐으로써 결투 및 오스트리아 중위와 백작부인의 만남을 야기하는 꽃들로 이어진다. 이는 한 명이 다른 한 명으로 대체되는 체계적인 장치의 첫 형상에 해당하며, 그 장치가 드러나는 때는 다음과 같다. 1막에서 우소니가 떠나자 말러가 리비아에게 소개될 때, 2막 초반에서 추방자들이 방금 떠난 회랑 안에 남아 있는 일단의 군인들로부터 중위가 떨어져 나올 때, 리비아가 연인 대신 사촌을 발견하게 되는 2막의 끝과, 보이스 **오버**가 막 로베르토를 언급한 반면 프란츠가 갑자기 나타나는 3막의 초반 사이, 그리고 심지어는 3막의 끝——시퀀스 11은 부상당한 우소니로 끝맺는데, 그후로 그는 더 이상 등장하지 않는다——과 4막의 초반——마차에서 리비아는 손에 쥐고 있는 말러의 편지를 읽는다——사이도 이에 해당된다.

이와 같은 대체 장치는 도치(역전) 장치를 수반한다. 한 명은 영웅이고, 다른 한 명은 배신자이다. 그러나 흥미롭게도 검은 옷을 입은 것은 착한 놈이고, 영화 내내 남아 있는 나쁜 놈은 완전 무결한 흰색으로 차려입었다. 틀린 것은 착한 놈이고, 맞은 것은 나쁜 놈이다. 실제로 우소니는 늘 패배자이다. 그는 주도를 하지만 그 무엇도 통제하지 못한다. 낭만적인 도전 후 영화 초반에 잡히게 되는 그는 공산당원들의 돈을, 개인적인 이해에 따라 황급히 탕진해 버릴 사촌에게 맡기는데다, 그가 전투에 도착하는 것은 곧 부상당하는 결과만을 가져오고 그후에는 아예 이야기에서 지워져 버린다. 따라서 그는 무용한 행위의 챔피언이다. 반대로 말러는 심지어 자신을 잃을 지경에 이르도록 상황을 통제한다. 바람둥이인 그는 리비아로부터 원하는 모든 것을 획득한다. 그런데 그는 정작 자기가 원하는 것, 즉 애인 하나 더 만들기, 돈, 어떤 매력도 없는 삶을 즐길 수 있는 가능성에 대해서 관심이 없다. 사실 그가 시퀀스 13에서 리비아에게 묘사하는 불순한 세계(술·여자·도박)로 그를 이끄는 것은, 우소니가 모순적으로 소원한다고 말하는 '새로운 세계'에서 영웅주의가 불가능하다는 자각에 있다.

그런데 이와 같은 동일한 형상의 양면과, 영화 무대를 제일 먼저 차지하는 테너와의 관계는 확고하게 표시된다. 우소니가 시위에 불을 당길 꼭대기 좌석층을 힐끗 쳐다보며 등장하는 것은 만리코가 "무기를 들자, 무기를"이라고 노래하는 동안이다. 그럼으로써 테너에 동일화되며, 그로부터 너그럽고 낭만적인 특징들을 간직하게 된다. 이는 리비아가 결투를 유발한 그의 멜로드라마적인 태도에 대해 걱정할 때 강조된다. "오페라가 무대에서 튀어나오는 것이나, 충동적인 행위에 따르는 심각한 결과에 대해 숙고하지 않은 채 멜로드라마의 영웅처럼 행동할 수 있다는 점은 마음에 들지 않아요." 그럼에도 불구하고 유사성이 가장 큰 경우는 성격의 역전에도 불구하고 말러와 만리코 사이에서이다. 중위가 무대에 등장하자마자 영화는 그를 백작부인과 함께 오페라 속으로 데려다 놓는다. 먼저 거울 속에서 그가 리비아의 투영된 모습 쪽으로 다가가는 것이 보인다. 그녀는 레오노라가 노래하고 있는 무대 쪽으로 등을 돌리고 앉아

있는데, 갑자기 두 인물의 만남에 있어서 배경의 기능을 하게 된다. 프란츠는 단지 테너의 역이 암시하는 것처럼 젊고 잘생겼을 뿐 아니라 항상 연극적인 영웅의 모습을 띤다. 특히 그가 무엇을 하든 그의 옷은 늘 그렇게 티 하나 없는데다 종종 낭만적인 망토의 우아함을 휘두르기도 한다(사진 10). 게다가 리비아와 함께 대사의 가장 핵심 부분, 진정으로 용맹성을 드러내는 대사들을 차지하는 것은 그이다. 그 대사들은 특히 시퀀스 2, 7, 그리고 13에서 오페라의 아리아들과 유사성을 띤다. 마지막으로 그는 오페라의 프리마돈나가 그 옆에서 사랑을 표현한 바 있는 성의 벽을 연상시키는 벽에서, 총사령관의 명령으로 즉결 처형당함으로써 만리코의 역할을 한다. 프레임 속에서부터 점진적으로 다가오는 횃불들로 이루어진 그 장면의 조명 및 함께 들리는 합창 소리는 영화의 끝을 오페라의 그것으로 전화시킨다.

그러나 그의 형상이나 우소니의 형상 모두 영웅적인 면은 전혀 없고, 오히려 그 반대이다. 죽을 줄 모르는 한쪽의 비겁함과 행동할 수 없는 다른 한쪽의 무용성은, 리비아가 희생할 줄도 모르고 또 그럴 수도 없었던 것처럼 오페라가 더 이상 모델을 제공할 수 없음을 보여준다. 영화에는 "비록 무대는 차지하고 있으나 그 위에서 보여지는 영웅들의 옷을 현실에서 걸칠" 수 없는 그런 인물들만이 존재한다. 이는 아마도 도래하고 있는 세계에서 의미를 잃어버린 위대한 '비극적' 이미지들의 종말과 관련이 있을지도 모른다. 영화는 비극에서부터 프랑스적 의미의 멜로드라마로 넘어가며, 테너의 자리는 이제 역사라는 신비한 작가가 그들에게 선사하는 공연 앞에서 무능력한 관객들이 점유하게 된다.

역사의 무게

역사는 이 영화에서 배경이 아니라 인물들의 운명을 주관하는 힘으로서 등장한다. 비스콘티의 독창성은 '재구성' 혹은 허구를 역사적 맥락 속에 정박시키는 데 있기보다는 역사를 '재현'(정사(正使))이자 저항할 수 없는 힘, 그러나 그 메커니즘은 겉으로 드러나지 않는 것으로 다루는 그의 방식에 있다.

이 책에서 재구성상의 '진실성'에 대해 강조하지는 않을 것이다. 《센소》를 비롯한 다른 영화들의 경우에도 자료 수집과 의상 및 장식 작업의 규모와 세밀함에 대해 수많은 일화들이 증언하고 있다.

인물들과 그들이 처한 맥락 사이의 관계에 대해서도 다시 언급하지 않을 것이다. 그 맥락이 바로 이 영화의 역사 영화로서의 '우수성'에 대한 수많은 논의를 촉발시켰던 것이다. 이런 맥락에 대해서는 이미 언급한 바 있고, 마찬가지로 영화가 의도적으로 그람시에 의한 리소르지멘토 해석을 취하고 있음을 또한 살펴보았다. 여기서는 영화에 나타나는 역사의 개념을 분석하고자 한다. 그것은 역사 발전의 의미에 관해서는 마르크스주의적 견해를 따르고 있음에도 불구하고 보다 과감한 전망들을 제시하고 있다.

내일이 없는 이야기

우선 비스콘티는 말러가 말하는 '세계의 종말'을 묘사함에 따라 리소르지멘토의 문제를 넘어선다. 이는 향후 감독의 작품 세계에서 중요하게 부각될 하나의 주제가 처음 등장한 것이다. 동일한 시기를 다루면서 이탈리아와 바이에른에서 각각 《레오파드》와 《루트비히 2세》를 통해 재등장하는 이 모티프는, 제1차 세계대전 직전 상황을 다루면서 《베니스에서의 죽음》에서 발전되고, 나치즘의 종말에 대해서는 《저주받은 사람들》에서, 현대 즉 1970년대의 상황은 《폭력과 정열》에서 전개된다. 그러나 이와 같은 구세계의 몰락에 따라 '희망에 가득 찬 내일'이 도래하지는 않는다. 혁명가들도 민중들도 이미 살펴본 것처럼 사실상 그들의 것이 아니라 기존 정권들의 협상에 따른 결과물인 승리의 혜택을 맛보지 못한다. 이와 같은 주장은 《센소》에서 전개되지 않지만, 나중에 《레오파드》에서 살리나 가문이 권력을 유지할 수 있도록 해주는 탕크레드의 결혼식

때와, 《루트비히 2세》에서 이와 동일한 권력이 붕괴되어 가는 귀족의 손에서 탐욕스러운 부르주아의 손으로 이양될 때 드러난다.

한편 영화는 오스트리아인들과 이탈리아인들을 대립시키지 않는다. 민족적 투쟁을 제외하고는 세르피에리 백작이 점령군과 협력함으로써 표현되는 계급간의 연대뿐 아니라 말러가 강조하는 공통된 운명이 존재한다. 사라져 갈 이 세계는 양측 모두의 것이다. 이와 같은 생각의 비중은 검열에 의해 비스콘티가 바라던 영화의 종결 방식이 방해받지 않았더라면 더 확연하게 드러났을 것이다. "최초로 설정되었던 피날레는 완전히 달랐다. (…) 처음[버전]은 말러의 죽음으로 끝나지 않았었다. 그 버전에서는 리비아가 술 취한 군인들의 무리를 지나쳐 가는 것이 보이고, 마지막에는 16세 가량으로 보이는 아주 젊은 오스트리아 군인이 완전히 술에 취한 채 벽에 기대어 도시에 울려퍼지는 노래와 동일한 승리의 노래를 부르는 것이 보인다. 그러던 그는 노래를 멈추고, 울고 또 울다가 '오스트리아 만세!'를 외친다……. 나는 그 장면을 삭제해야 했고, 네거필름은 불태워졌다. (…) 그러나 나에게 있어서 진정한 종결 방식은, 아무런 책임도 없고…… 아무짝에도 소용없는 승리의 날에 '오스트리아 만세'를 외치는 보잘것없는 오스트리아 농부이자 군인의 모습이다."

민중을 총알받이로 쓰는 지배 계급의 행태에 대한 비판을 넘어서, 가장 충격적이면서 검열의 원인이 되었던 것이 드러난다. 즉 오스트리아인은 이탈리아인과 동일하다는 사상으로, 이와 같은 단언은 리소르지멘토의 맥락뿐 아니라 독일 점령과 이탈리아의 타협의 기억에 여전히 민감한 전후의 맥락에서도 큰 스캔들을 야기했다.

그리 오래되지 않은 과거는 상기시키지 않고, 원수지간의 형제라는 주제가 명백하게 드러나지 않도록 하는 것이 나았다. 그럼에도 불구하고 영화는 그 흔적을 간직하고 있다. 이는 우선 만리코와 루나가 형제이자 원수지간으로 나오는 〈일 트로바토레〉에 의한 연관성의 성립과, 다음으로 첫 시퀀스의 대사를 통해서이다. 즉 결투 신청 사건 이후 리비아가 공식 좌석으로 돌아오자, 총사령관의 부인이 그녀를 맞이하며 아이러니컬하게 "아마도 그들이 호라티우스가와 쿠리아티우스가 간의 전쟁을 하려나 봅니다"라고 말함으로써 자크 루이 다비드가 영생을 불어넣은 바 있는, 양측 가문의 여자(호라티우스가)와 남자(쿠리아티우스가)가 약혼했음에도 불구하고 서로를 죽이기로 맹세해야 하는 불행한 자들을 상기시킨다.

이와 같이 제시됨으로써 역사의 발전은 긍정적이지도 이원론적이지도 않다. 그것은 진보나 변증법적인 변화보다 정지와 몇 가지 사건들의 부조리를 명확히 밝힌다. 이는 과거를 영광스럽게 재구성함으로써 자신의 무훈시에 집단성을 부여하려고 하는 민족사가 부인하는 바이다. 사실 비스콘티는 이중의 도박을 하고 있다. 그는 '정사(正史)의 재현'을 구축하지만 그 재현 속에 채워질 수 없는 균열들, 틈새들을 유지함으로써 그것의 허구성을 지적한다. 이 균열들은 역사적 담론이란 필연적으로 늘 해석적이기 마련이고, 따라서 변이가 가능하며, 역사는 연속성의 논리 속에서 구축되는 것이 아니라는 점을 보여준다.

역사와 연출

영화에서 그려지는 역사가 '연출'일 뿐이라는 점은 첫 시퀀스에서 매우 분명하게 제시된다. 이는 시위를 도입하기 위해 베르디의 오페라를 사용하는 것과 보다 구체적으로, '사실적으로' 테너의 목청과 동시에 나오는 것 같은 고음의 C조가, 가수가 노래를 그만두었음에도 불구하고 길이의 연속선상에서 계속 울려퍼지는 현상에 의해서이다. 편집과 카메라의 움직임이 복잡함에 따라 공연이 진행되고 있는 무대와 시위가 벌어지는 극장 간의 동일화 효과가 발생한다. 이와 같이 하여 역사적 사건은 하나의 공연, 그것도 주도면밀하게 조직된 공연이 되어 버린다. 손에서 손으로 이탈리아를 상징하는 삼색 전단지와 부케들이 전달되는 쇼트 바로 직전에 꼭대기 좌석층을 쳐다보는 우소니의 시선이 전면(前面)에 잡히는 것은, 무대 뒤에 대기하고 있는 합창단을 향한 지휘자의 사인을 연상시킨다. 거울 효과에 의해 오페라의 인물들에 동화되는 인물들만큼 역사도 이처럼 시대 의상을 입고 '멜로드라마'로서 소개된다. 역사는 단지 신화일 뿐인 것이다.

쿠스토차 전투도 동일한 원칙에 따른다. 더 이상 오페라와 사건 사이의 혼용이 아니라 역사─그림이라고 부를 수 있을 듯한 사건의 '액자화'가 이루어진다. 여기서 연출은 회화적 구성이 된다. 《센소》에서 영화적 재현과 미술이 맺고 있는 관계에 대해서는 다시 언급하게 될 것이지만, 연속되는 장면으로 구성된 쿠스토차 시퀀스는, 대대적인 무훈들을 추모하기 위한 목적을 가지고 있고, 베로나에 있는 프란츠의 방에 그 중 한두 개 표본을 찾아볼 수 있는 전투 그림들을 보고 있는 듯한 느낌을 준다.

전투에 관한 한 영화는 그 주변과 이전·이후는 보여주지만 핵심은 보여주지 않는다. 전투는 발생하지 않는다. 나서는 사람은 아무도 없다. 지휘관도, 지시도 없다. 명령은 외화면 영역에서 내려지고 라 마르모라의 것으로 제시되는 결정 사항들은 단지 전달될 뿐이다. 가리발디는 저항군들 중 한 명에 의해 언급되지만, 단지 신화적이고 저 멀리에 있는 인물로서만이다. 시퀀스의 구조 자체를 보면, 알데노로 잠깐 돌아가는(11c) 중간 부분에 구멍이 뚫린다. 오버랩(우소니의 여정에 사용되는 생략)에 의해 연결되는 두 장면(11a와 11b) 이후 우리가 보게 되는 것은, 활기찬 군인들의 근사한 출전으로부터 시작했으되 기진맥진한 후퇴의 이미지(11d)에 이른 상황의 반전을 표시하는 불타는 전선들이다. 우소니는 거기에 있으나, 부상당하여 쓸모없는 상태다.

이와 같은 단절들이 이미 언급한 바 있는 검열에 따른 것이라고 생각할 수 있다. 그러나 그것은 의도된 것이기도 하다. 실제로 쇼트들의 구성도 시퀀스와 동일한 구성 원칙을 따르고 있다. 즉 모순적인 방식의 주변 묘사와 중심의 공백을 말한다. 우선 움직임들과 쇼트와 쇼트 사이의 연결이 모순적이다. 일례로 군인들은 누가 어디로 가는지 확실히 알 수 없는 방식으로 사방으로 달린다. 유일하게 알아볼 수 있는 것은 군인들과 농부들이 가는 방향이 대립된다는 사실이다. 그런데 사부아측 군대(및 깃발)가 배치되는 장면의 한 쇼트에서는 이런 혼돈이 면밀하게 의도된다. 카메라는 오른쪽에서 왼쪽으로 팬(pan)하는데, 이는 먼 구석 언덕에 보이는 부대들처럼 화면의 왼쪽에서 오른쪽으로 전진하는 피에몽트편 군인들과 반대 방향이다. 그동안 오른쪽에서는 다른 이탈리아 군인들이 도착한다. 중심의 공백은 더욱 심하다. 익스트림 클로즈업으로 전면을 찍으면서 (손수레들, 개, 나무들, 부상병 수송차) 프레임이 자주 변동됨에 따라 롱 쇼트의 중앙이 가려지며, 또 그 중앙에는 사람이 없는 경우가 태반이다. 눈에 비치는 것은 무엇보다도 배면과 전면이 된다. 방금 묘사한 장면에서도, 앞쪽의 이탈리아군(카메라의 움직임으로 문득 나타나는 나무들로 종종 가려지는)과 딥포커스로 보이는 가느다란 행렬 사이에 눈에 띄는 것이라고는 추수가 끝나 일시적으로(그리고 아이러니컬하게) 군인들에게 은신처(가장을 위한)를 제공해 준 짚더미들로 꽉 찬 들판뿐이다(사진 11과 12).

'그림'은 중앙이 없다는 사실로 인해 표지가 된다. 영화에 그 흔적만이 남은 무엇인가가 발생한 것이다. 예를 들어 전장에 도착하여 퇴각하는 이탈리아 군인들(청색 군복에 흰 바지)을 지나칠 때 카메라의 움직임 및 이어지는 쇼트 연결 각의 변화는 사상자들, 즉 진

정한 패자들을 제시하는데, 대부분 오스트리아 군인들(흰색 군복에 청색 바지)이다. 따라서 피에몽트 군인들이 패하였지만(전장에서) 그럼에도 불구하고 승자(정치적으로)인 전투의 의미(혹은 오히려 무의미)를 해독해 낼 수 있다. 그러나 직접적으로 볼 수 있는 것은 아무것도 없다.

게다가 영화에는 바라보는 인물이 존재하지 않는다. 연출은 우리를 위해서만 구성되었다. 카메라가 우리에게 보여주는 농부들의 활동과 군인들의 소란은 영화 관객만이 볼 뿐이다. 길가에서 마주치는 농부들은 꼭대기를 향해 오르기 위해 건초용 손수레로 꽉 찬 비포장 도로를 거쳐야 하는 군인들의 대열에 상관없이 무심하게 집으로 돌아간다. 스탕달에 대한 존경심으로 비스콘티가 언젠가 한 말과는 반대로, 《파름의 수도원》 초반에 등장하는 워털루의 묘사와는 딴판이다. 파브리스 같은 인물은 존재하지 않고, 우리는 우소니가 행동가(배우)이기보다는 관망자(관객)임에도 불구하고 그의 시선을 절대 거치지 않는다.

역사의 자율성

이처럼 《센소》에서 역사는 인물이라기보다는 전능하지만 그 계획들을 좀처럼 간파할 수 없는 감독이 된다. 실제로 역사는 플롯 바깥에 위치하여 '다른 무대' 위에서, 또 인물들이 처한 것과는 '다른 시간' 속에서 전개된다. 이는 우소니가 그에 동화되지 못하는 것을 설명해 준다.

겉으로는 역사적 사건들이 직접적으로 인물들의 운명에 관여하면서 진행되고, 서술 구조 속으로 들어오는 것처럼 보인다. 플롯이 배경을 이루는 역사적 상황에서부터 모든 흥미들을 끌어낼 뿐 아니라 역사적 상황의 변화로 극작법상의 수정들이 정당화된다. 그럼에도 불구하고 역사는 실제로 다른 곳에서 조용히 이루어진다. 단절의 느낌은 역사적 상황과 관련된 순간들 중 어느 하나도 영화 음악의 해설을 동반하지 않기에 더욱 강화된다. 역사가 직접적으로 영화에 개입할 때는 절대 브루크너의 목소리를 들을 수 없는 것이다. 소리 공간이 베르디에 의해 점유되는 페니체 극장에서도, '음악적 침묵'이 민족주의의 노래들과 이어지는 포화에 자리를 양보할 때도, 군인들의 합창을 동반하는 프란츠의 처형 때도 그렇다.

전투는 예고 없이 다가온다. 리비아는 괴로운 마음을 안고 방금 프란츠가 떠나도록 놔둔 상황이고, 관객과 역사로부터 등을 돌린 참이다. 예고 없이, 구두점 하나 없이, 우리는 오스트리아측을 공격하기 위해 준비 태세를 갖추는 부대의 한가운데 던져진다. 이 시퀀스는 이야기 내에서 정지 상태다. 이전 시퀀스와 어떤 종류의 확실한 연관성도 없다. 따라서 시퀀스의 끝에 가서 다시 전장에서부터 갑자기 알데노의 익스트림 롱 쇼트와 백작부인의 여행으로 바뀌는 것과 마찬가지로 깨끗한 단절인 것이다. 전투의 정확한 날짜를 알 수 없는데다 거친 시퀀스의 전개로 인해 연대기적 직선이 그려지지 않음으로써 의례적으로 역사—이야기를 구성하는 인과 관계 및 그에 따른 역사—이야기가 인정하는 설명들의 구축도 불가능하다. 역사의 변신이 가하는 타격을 입기에, 인물들은 그것을 통제할 희망이 전혀 없어진다. 그들이 지나간 시대의 사회 계층에 속하기 때문만이 아니라(혹은 그 때문이 전혀 아니라) 역사가 자신의 배우들의 결정·행위·몸짓과 상관없는 고유의 무대와 리듬을 간직하기 때문이다.

미장아빔(mise en abyme)

영화에서 의도적으로 유지되는 단절들은 추상적 시간, 즉 역사가 구축되는 재현 불가능한 '사이'의 시간을 표시한다. 사실 역사는 '사후에'만 과거이자 동시에 현재로서 존재할 뿐이다. 현재로부터 출발해야만 과거를 감지할 수 있지만, 과거의 이야기들에서 문득 읽을 수 있는 것은 현재이다. 따라서 1866년 페니체 극장의 관객들은 15세기 스페인을 배경으로 내전과 원수지간의 형제를 그린 〈일 트로바토레〉에서 그들의 정치 문제를 보는 한편, 1954년 관객들은 《센소》를 리소르지멘토에 대한 관례적 해석의 비판으로서만이 아니라 1950년대초 이탈리아에 대한 비판으로도 이해할 수 있다. 이탈리아 관객(삭제를 강요한 것으로 봐서 검열도 그것을 믿었던 것 같은데)은 영화에 묘사된 역사에서 보다 최근 사건들의 반영을 읽었다. 즉 독일과의 협력, 무솔리니의 군사적 패배, 그리고 특히 1943-47년 사이 레지스탕스가 불러일으켰던 희망의 좌절이 그것이다. 따라서 노웰-스미스처럼 다음과 같이 자문해 보는 것이 합법적일 것이다. "1943-47년에 희망하던 혁명은 1860-70년의 그것과 동일한 방식으로, 그리고 동일한 이유들로 실패하였는가? 아니면 처음 것이 '실패했었다는 이유로' 실패하지 않은 것인가?" 《센소》는 이처럼 "이탈리아 역사에 대한 비유"이자, 그 역사의 비연속적이면서 순환적인 변천 방식에 대한 성찰로 볼 수 있을 것이다. "아무것도 변치 않기 위해서는 모든 것이 변해야 한다."

그리고 마지막으로, 죽음

《센소》에는 처음부터 끝까지 죽음의 낙인이 찍혀 있다. 두 연인의 만남이 결투 신청에 따른 것이고, 리비아의 첫 굴복이 시체로 인한 것이기에 영화 시작부터 존재하는 죽음은 집단적 형태(3막 끝에 쿠스토차에서)나 개인적 형태(4막 끝에 말러의 처형)로 승리를 거둔다. 죽음의 위협의 영속성은 브루크너의 아다지오, 리비아의 그야말로 '정열적 사랑'의 전개 과정 모두를 보여주는 그 '음울한 서정시'가 반복 사용됨으로써 상기된다. 양측, 즉 죽음과 음악의 결합에 의해 영화는 자신이 비난하는 계략적인 신화 공간으로 다시 끼워넣어진다.

에로스와 타나토스가 구성하는 이중성의 형상을 떠올리는 것은 진부하다. 사랑 이야기는 이 영화에서 그야말로 죽음의 이야기다. 낭만적 사랑의 파국적 성격은 정체성을 탐구하고, 그들 내부에 자체적인 파괴성의 씨앗을 품고 있는 인물들의 대결에 의해 부각된다. 그런데 이보다 흥미로운 것은, 영화에 끈질기게 각인되는 이중화 체계로 인해 두 주인공에게 상상계의 지형이 지니는 신화적 차원이 부여된다는 점이 강조된다는 데 있다. 실제로 상상계의 지형에서는 힘을 통제하기 위해 자신이 형상화하려고 하는 이미지들, 동일하면서도 대립되는 이미지들이 항상 쌍으로 결합된다. 이와 같이 하여 말러와 리비아는 운명의 두 가지 형태를 재현한다. 전자는 지식, 앎(악마)과 연관되는 힘을 가지고 있기 때문이고, 후자는 어두운, 통제불가능한 힘들(마녀)을 표현하기 때문이다.

실제로 말러는 언제나 완벽한 복장, 돌연한 등장과 사라짐, 알데노와 베로나에서의 메피스토펠레스를 연상시키는 웃음소리, 그리고 이야기의 명철함과 이중성으로 인해 악마의 외양을 띤다. 그러나 그는 동시에 '어린애'이기도 하며(베니스의 우물가에서 리비아가 그에게 지적하듯이, 또 그 자신이 여러 번 강조하듯이), 베니스 땅(fondamenta)에 죽어 있는 장교처럼 속죄의 기능을 하는 희생양이기도 하다. 잘생긴 죽은 장교는 살해당했음에도 불구하고 핏자국이나 진흙도 일체 묻지 않은 제복을 입고 있어 말러와 형제처럼 닮은 동시에 그의 죽음을 예측케 한다(사진 13). 리비아는 희생자이자 위험요인이다. 말러를 고발해서 뿐만이 아니라 '여성의 이중성'의 이미지이기 때문이다. 그녀에게는 빛나는 옷차림과 호화로운 저택을 배경으로 사촌과 함께 이탈리아의 통일을 지지함에 따라 드러나는 '밝은 면'이 있다. 그러나 그녀의 '어두운 면'이, 베니스와 베로나에서 산책할 때 그녀가 움직이는 배경이 되는 밤의 분위기와 미로 같은 공간을 통해 표현된다. 그녀의 '이중적 목소리'가 발생시키는 비시간적 효과는 그녀의 욕망을 아득한 과거 속에 정박시킨다. 그 욕망은 젊은 남자를 먹어치우기 위해 다시 나타나는 존재이자 여성의 섹슈얼리티가 대변하는 위험의 신화적 형상인 '여귀'[23]의 것이다.

가장 중요한 것은 아마도 역사가 지니는 죽음의 힘일 것이다. 극작법 구조를 분석해 보면, 말러에 의해 대변되는 운명이 역사를 통제하는 것처럼 보인다. 그러나 비스콘티의 영화에서는 역사 자체가 운명의 진정한 형상이라고 생각할 수도 있다. 이는 역사가 신화적인 방식으로 연출됨으로써 실제적으로 통제를 벗어난다는 점에서 그렇

다. 《센소》에서 역사는 운명(fatum)과 마찬가지로, 즉 자율적이면서 인간과 그들의 감정 및 행동과 분리되어 작동한다. 실제로 낡은 힘에 구속되어 있는 인간들은 성적인, 그리고 계급적인 정체성을 받아들일 능력이 없고, 따라서 효과적으로 행동하지 못한다. 역사 발전의 주인공들이 보여주는 이중성은 권력을 지닌 것으로 생각하는 자들이 투항하는 계략에 의해 반영되며, 역사의 심오한 흐름에는 어떤 영향도 끼치지 못한다. 그럼에도 불구하고 그 흐름이 이해 불가능한 것은 아니다. 역사의 바퀴는 분석적인 담론에 의해 분해될 수 있고, 말러는 리비아에게 그들이 속한 세계의 종말을 아주 잘 설명해 낸다. 그러나 역사는 사후에, 즉 이미 늦었을 때에만 해독될 수 있는 것이다.

따라서 죽음은 역사의 생성에 대한 통제가 부재하기에 불가피해지는 처벌이 된다. 《센소》의 비관주의는 한 세대의 비관주의를 표현한다. 그 세대는 더 이상 니체의 사상에 따라 좌절된 희망들을 고발하는 데에 만족하지 않고, 변증법적으로 이행된 진보라고 하더라도 그 진보 사상의 환영을 반박하며, 그 자신(역사)의 종말이 영속적으로 회귀하는 순환적 형태로서 역사의 전개를 인식한다.

---

23) 중부 유럽의 민속에 등장하는 형상으로, 1880년경 루마니아의 위대한 낭만파 시인 에미네스쿠에게 영감을 주었던 동시에 1935년 《크리스티나 아가씨》에서 머시아 엘리아데가 재도입한 바 있다. 1989년 프랑스에서 출판된 10/18 시리즈를 참조하라.

비스콘티식 미학

《센소》가 이탈리아에서 개봉하자마자 평론가들은 향후 폭넓게 전개될 문제를 제기하기 시작했다. 그것은 비스콘티의 '퇴폐주의'에 관한 것이었다. 강박적인 그의 주제들——영웅주의라는 한 신화의 종말, 한 계급의 소멸에 대한 라멘토(이탈리아의 애가), 귀족 계층, 죽음의 편재성——과 스타일로 인해 감독은 비판의 대상이 되었다. 단호한 '반근대주의자'이지만 《흔들리는 대지》에서 보여주었던 고전적인 '대작 형식'의 부적절함을 인식한 비스콘티는, 《센소》에서 '바로크 스타일'을 사용하기 시작하는 듯하다. 이 스타일은 미학적 과잉, 문화적 인용의 증가, 그리고 패러디, 이분화, 도치 등의 복잡한 장치에 의해 키치(kitsch)적인 대형 스펙터클에 근접하게 된다.

다소 학구적인 이와 같은 논의를 넘어서, 감독의 후작들에 비추어 바라볼 수 있게 된 지금 더욱 확연해진 이 영화의 흥미는 무엇보다도 그 문체가 가지는 전복의 힘에 있다. 실제로 '멜로드라마'적인 상투성의 연장이나 겉치레들——낭만적인 사랑에 작용하는 것이나 민족적인 역사 이야기의 토대가 되는 것들——을 비난함으로써 핵심적인 역할을 하는 것은 전반적인 측면에서나 세부 구성면에서도 마찬가지로 영화 작품의 구성 자체이다. 해결책을 제시함 없이 우리의 인물들에게 선고되는 이성의 쇠약과 교대하는 데에 그 기능이 있는 신화 사상은 예술을 통해서만 표현될 수 있다.

비스콘티의 미학적 선택에 대한 분석에서부터 감지되는 것은 《센소》가 어떻게 해서 그 자체로서만 가치가 있는 재현들을 비판하는 동시에 연장할 수 있는지의 문제다. 그 자체로서 재현이 가지는 가치란 '재현'으로, 그것은 분석의 차원에서가 아니라도 적어도 경험의 차원에서 도달할 수 없는 그런 현실을 대체한다. 형식적인 측면에서 모든 것은 한편으로는 고전적인 기법, 영화의 모든 요소들을 강하게 통합시키는 구성, 그리고 다른 한편으로는 미장아빔(영화 속의 연극 및 이미지 속의 이미지), 간극, 역전 및 눈가림의 한결같은 효과들에 따른 그 구성의 전복 사이에 작용하는 변증법에 따라 행해진다.

소격화된 재현

"비스콘티의 기교는 '정지'의 기교가 아니다. 그것은 소격화되고 중복된 재현이다"라고 이샤크푸르는 말한 바 있다. 이와 같은 기교는 카메라와 편집을 동시에 사용하는 것이며, 또한 아주 특별한 방식으로 장식과 의상을 활용한다. 즉 다양한 시각적 · 청각적 재료들이 극단적인 정확성을 가지고 조율되지만, 단절과 균열이 개입함으로써 제시되는 재현에 의미를 부여하는 것은 불연속성임을 보여주는 것이다.

프레임과 카메라: 공간의 미장센

영화의 시작부터 영화 전반에 걸쳐 고유한 방식으로 작용하게 될 시스템이 자리를 잡는다. 그것은 카메라의 선회에 의해 생명을 얻는 롱 쇼트들과 프레임 안의 프레임이라는 장치를 극명한 편집상의 단절들에 연결시키는 것으로, 강하게 부각되는 하이 앵글이나 예상치 못한 로우 앵글을 사용함으로써 이와 같이 연출된 공간의 연극적 측면을 증대시키게 된다.

카메라는 종종 움직이고 선회하는 크레인에 설치됨으로써 그 이동으로 인해 에워싸는 세계가 구축된다. 페니체 극장에서 카메라는 두 개의 쇼트로 무대에서부터 관람석으로 이동한다. 무대에서 카메라는 오른쪽으로 테너를 따라가다가 오케스트라석을 팬으로 잡은 후, S자를 그리는 멋진 움직임에 의해 관람석 네 개 층을 아래에서부터 위로 훑는데, 이때 로우 앵글 촬영이 부각된다. 음악과 결합함으로써 이와 같은 형태는 연속성과 순회성의 효과를 발생시키며, 이는 베니스나 알데노 또는 베로나 장면에서도 다시 발견되는 특성이다. 그것은 무대 구축 쇼트로 잡은 프레임과 왼쪽에서 오른쪽으로 움직이는 팬에 의해 극적인 공간을 구축하는데, 이러한 팬은 시퀀스 3의 초반에 리비아가 말러를 찾아가는 순간 베니스의 빈민가 숙영지(Campo du Ghetto)를 장식으로 탈바꿈시키거나, 또는 쿠스토차 시퀀스나 베로나로 향하는 마차 여행 시퀀스에서 폭넓게 배경을 묘사하게 된다.

공간 구성에는 재프레임화도 기여하는데, 이는 카메라의 움직임에만 기인하는 것은 아니다. 이샤크푸르가 강조하듯이 "계단과 복도 · 기둥, 그리고 특히 문들(…)은 이동과 심도 있는 공간들을 만들어 내며, 이는 장식과 빛 · '조명'에 의해 생겨난다." 그것들은 '미장센'——묘사에 있어서 문이나 창문에 의해 다시 액자화되는 인물들, 또는 심지어 1막에서 복스석의 경우——및 원근법에 의한 딥 포커스에 동시에 기여한다. 이는 또한 리비아가 불안하게 왔다갔다 하는 행위에 힘을 실어주는 반복적인 모티프들이기도 하다.

이와 같이 확장되고 심화된 공간은 시간으로 하여금 일직선상에서 동시적으로 전개될 수 있도록 하여, 어떤 이들은 '시퀀스 쇼트'라고 말하기도 한다(실제로는 전혀 그렇지 않다). 따라서 우리는 그 움직임들이 그들을 모았다가 가르는 관계들의 의미심장한 몸짓이 되어 버리는 인물들을 따라가게 되고, 클로즈업의 사용은 불필요하게 된다(《센소》에서는 클로즈업이 존재하지 않는다. 영화는 근접 쇼트의 단계를 넘어서는 적이 거의 없다). 첫 장면부터 카메라는 레오노라 쪽으로 다가간 후 우측 수평 트래킹에 의해 만리코와 같이 이동함으로써, 그가 곧 닥쳐올 두 사람간의 이별에 대한 서곡인 〈저 타오르는 불길을 보라〉를 부르기 시작할 때가 되면 그 홀로 카메라에 잡히게 된다. 마찬가지로 우소니의 도전을 거절하는 말러를 보여주는 롱 쇼트도 거침없이 왼쪽 방향으로 프레임을 떠나는 중위로부터 출발한 후, 복스석을 대등한 높이에서 미끄러지듯 잡아준 다음 주의 깊게 쳐다보고 있는 리비아에게로 고정된다. 이 쇼트는 단 한번에 이탈리아 혁명 및 앞으로 만나게 될 사랑에 대한 리비아의 호의를 암시한다.

　이처럼 균일한 공간에서 인물들을 촬영하는 방식은 관객으로 하여금 인물들이 이해하지 못하거나 아직 알지 못하는 것을 감지할 수 있는 입장에 서 있다는 느낌이 들게 한다. 동일한 쇼트 내에서 프레임 안으로의 입장 및 퇴장과 배우들의 자세, 종종 등을 돌리거나 비스듬하게만 서로를 쳐다보는 그런 자세는 이와 같은 느낌을 한층 더 강화한다. 리비아와 프란츠 사이의 관계가 띠는 양면성은 이처럼 첫 시퀀스에서부터 시작되고(여기서 백작부인은 말러의 시선이 그녀의 어깨와 가슴을 애무하는 동안 종종 옆으로 고개를 돌린다), 시퀀스 4에 이르면 완전히 명백해진다. 프란츠가 한순간 리비아를 혼자 남겨두고 침대를 떠나 빗을 찾으러 가는 태도만으로, 또한 그의 정부가 뒤에서 정열에 기인하는 복종을 표시하는 동안 그가 창문 쪽으로 돌아서서 '아주 아름다운 펜던트'에 감탄할 때의 무언의 동작(사진 14)을 통해 리비아가 버림받을 것을 예감하게 된다.

그런데 이미 언급한 바 있는 이야기의 분절상은 편집에 드러나는 단절들에서 반향을 얻고 있다. 롱 쇼트와 카메라의 움직임, 딥포커스가 만들어 낼 법한 시공간적 일관성은 '어긋난 연결(faux-raccords)'의 위협을 받는다. 이와 같은 연결 방식은 가끔 거의 감지가 불가능하긴 하나 자주 눈에 띄는 것이다. 이미 세번째 쇼트부터 반복되는 형상이 하나 있다. 즉 테너를 두드러지게 부감 촬영하는 것은 카메라가 방금 떠난 '꼭대기석'의 시점을 따르는 것으로 보이지만, 촬영 각도(왼쪽 4분의 3)는 이전 쇼트에서의 정지 지점(무대의 오른쪽에 위치)의 정확한 반대편에 위치한다. 영화 내내 고전적인 시선의 연결 또는 동작의 연결은 이처럼 균열상을 띤다. 결투 신청은 겉으로 보기에 리비아의 시선 축(왼쪽-오른쪽)에서 전개되나, 미세한 로우 앵글로 인해 그 장면을 바라보는 것은 그녀가 될 수 없도록 한다. 왜냐하면 사건이 일어나고 있는 오케스트라석에 대해 상대적으로 복스석은 앞으로 튀어나와 있기 때문이다. 이 사건은 게다가 말러가 우소니 쪽으로 부케를 던짐으로써 터지지만, 그 부케는 두 쇼트 사이에서 사라져 버린다. 애국자가 즉시 반응하기는 하지만, 부케가 그에게까지 도달하지 못하기 때문이다.

이와 같이 시작되고 중단되는 동선의 연결이 애매함에 따라 시간과 공간상의 단절이 생겨난다고 한다면, 사각 앵글을 취하는 부감 촬영은 미장센의 연극성을 증대시킨다. 특히 편집은 몇 가지 경우에 있어서 영화의 인물들이 오페라 공연의 주인공들처럼 역할을 '연기하고 있다'는 것을 암시한다. 관객은 샹들리에에 의해 눈부시게 조명을 받는 리비아/세르피에리 백작 커플(시퀀스 1d)은 물론 베니스의 우물가 근처(시퀀스 2a)와 알데노의 화장대 양쪽(시퀀스 7), 또는 헛간(시퀀스 8) 장면에서의 리비아/말러 커플을 무대 위 천장에서 보는 듯한 느낌을 갖게 된다. 하이 앵글 사용은 팬 촬영과 결합되어 커플을 에워싸고 닫힌 세계에 감금시키며, "헛간 장면에서 확고해지는 원형 투기장(鬪技場) 효과를 발생시킨다. 그곳의 낟알들은 밤색 모래와도 같다." 부감은 매번 리비아의 무능력을 환기시킨다. 그녀는 남편의 거절에 직면하고, 이어서 세 번이나 말러로 인해 주술에 걸리게 된다. 동시에 이와 같은 프레임 사용은 관객을 다시 끌어들임으로써 위에서부터 그 구경거리에 대해 판정하게끔 한다.

거울과 커튼: 시선의 미장센

편집상의 단절과 프레임을 잡는 앵글의 강조는 관객의 시선을 유도하거나 혹은 갈피를 못 잡게 하는데, 관객은 화면에 구멍을 내는 효과를 유발하는 거울들에 의한 반사와 커튼으로 인한 프레임 내의 프레임 장치로 주의가 촉구된다.

거울에 의한 중복은 복제이자 동시에 전복이다. 거울의 구성적 역할은 이 책의 제2장에서 이미 강조된 바 있는 것으로, 처음부터 명백하게 드러나 영화 내내 반복된다. 인물들이 거울을 들여다보는 것이 아니라(베니스에서 말러가 줍는 유리조각처럼 부서진 경우가 아니라면) 거울들이 그들의 이미지를 관객에게 비춰 준다. 알데노에서 리비아를 대신해 거울에 등장하는 것은 말러이고, 페니체 극장의 복스석에 있는 거울에 백작부인의 뒤로 비치는 것은 레오노라가 노래하는 무대(사진 15)임을 이미 살펴본 바 있다. 게다가 말러와의 첫 만남도 거울을 통하는데, 프레임이 홍수를 일으킬 정도로 많아 뢰트라는 다음과 같이 묘사한 바 있다. "거울의 테두리는 무대의 프레임과 극장 내에서 바라본 복스석의 프레임과 동일한 형태를 갖고 있다. 무대는 거울 속에, 그리고 복스석 내에 있다. 무대는 거울과 같고 거울은 무대와 같으며, 복스석은 거울이자 무대와 같다." 이 만화경은 백작부인과 소프라노를 책의 양 페이지처럼 외겹화하고 역전시키며, 소프라노의 거울에 비친 모습은 둘 사이에 위치함으로써 이미 이 둘을 나누고 있다.

더 나아가서는 장막 · 베일 · 커튼의 끊임없는 회귀로 인해 스크린 자체가 무대를 비추는 거울이 된다. 연극적 소품인 리비아의 크고 작은 베일들은 지시적인 기능과 동시에 상징적인 역할을 한다. 즉 바람난 상류층 여인에게 없어서는 안 될 가면이기도 하면서 동시에 옷 전체를 상징하기도 하는 것이다. 옷이란 몸을 아름답게 살리면서 동시에 겉으로 보이는 정숙함 이면의 에로틱한 힘——그 힘이 사라졌을 때 그와 같은 은밀한 퇴락을 외부의 시선으로부터 보호하는 경우를 제외한다면――을 암시하는 것이다. 이것이 바로 말러의 동작이 갖는 의미의 전부인데, 그는 리비아의 얼굴을 베일로 가리거나 베일을 거두어 내는 행위를 통해 군인들의 시선으로부터 그녀의 얼굴을 감추거나, 그녀를 사랑하거나 모욕을 주는 것이다. 리비아 자신도 그것을 보호의 목적으로 사용하는데, 부케를 빼앗아 버리는 남편이 행하는 통제로부터 목을 덮어 보호하거나 페니체 극장의 복스석에서 말러의 시선 때문에 어쩔 수 없이 사용한다. 반면 사랑에 완전히 정신을 잃게 되자 그녀는 맨얼굴로 총사령부로 향함으로써 모든 정숙함을 포기하게 되고, 베로나의 벽 밑 그녀 뒤로 베일이 땅에 끌리도록 내버려둠으로써 모든 희망을 포기한다.

커튼의 반복적인 등장은 더 직접적으로 연극적인 연출과 관련된다.[24] 빨간 커튼은 페니체 극장 장면과 거울들에 비치는 복스석 장면에서 제2의 프레임을 형성한다. 무대가 아닌 곳에서 커튼이 등장하는 것에 의해 진정한 망이 형성된다. 특히 빨간 커튼은 알데노 장면(시퀀스 7)과 베로나 장면(시퀀스 13)에서 연극 무대를 구현하는데, 백작부인의 침실 창문의 커튼 사이로 불쑥 등장하는 말러나, 클라라로부터 자신을 숨기려는 혹은 그녀를 보지 않으려는 시도로 프란츠의 방에 있는 커튼을 움켜쥐는 리비아의 경우가 이에 해당된다. 이와 같이 인물들을 프레임 내의 또 다른 프레임에 둠으로써 커튼들은 다시 한번 그들간의 게임과 그들의 자아가 띠는 양면성을 드러낸다. 일례로 알데노에 있는 리비아의 내실에서 커튼이 거두어

---

24) 이에 관해서는 특히 수잔 리안드라 기그의 글을 참고할 수 있다.

짐으로써 은폐와 과시가 되풀이되는데, 이때 드러나는 프레스코화 앞에 말러가 잠시 서 있는 상황을 들 수 있다. 투명한 하얀 커튼, 사랑의 침실에 있는 창문들을 보호하거나 거울 속에 반사되는 '움직이는 커튼'은 현실의 흔적일 수 있다. 머지않아 사랑에서 남을 것은 창문에 부딪치는 벌레 소리나 베일의 사각이는 소리처럼 가벼울 것이라는 프란츠의 독백이 강조하는 것처럼 그것은 생기를 부여해 주는 동시에 위협적인 바람이다. 그런데 하얀 커튼은 빨간 커튼과 마찬가지로 인물들의 연극화에 일조할 수도 있다. 시퀀스 7에서 쇼트 내에서 리비아를 프레임 내의 프레임 속에 두는 그녀의 닫집에 쳐진 휘장(침대 위의 커튼)이 그 일례다.

이와 같은 프레임 · 거울 · 베일(커튼)의 반복상은 모두 관객의 거리두기에 기여하는 진정한 현기증을 야기시켜 관객의 시선은 이미지 속에서 이미지가 구현되는 현상처럼 이분되고, 때로는 길을 잃게 된다. 관객은 다시금 시선을 조정해야 하는, 즉 이샤크푸르가 말하는 그 '비판적인 제3의 눈'을 불러와야만 하는 처지에 놓이게 되는 것이다.

허위 속의 진실: 미술의 역할

이와 같은 효과는 《센소》가 미술과 맺고 있는 관계에서도 아주 잘 감지되는데, 그 관계는 두 가지 양상을 띤다. 우선 알데노 시퀀스들에서처럼 이중화 과정을 강화시켜 주는 그림들 및 특히 프레스코화들의 디에제스적 사용을 들 수 있다. 다음으로는 유명한 그림들을 연상시키든 연상시키지 않든 간에 몇몇 쇼트들의 회화적 구도가 사랑의 관계나 전투 장면의 몇몇 순간들을 전형화된 동작으로 고정시키고 있다는 점이다. 이처럼 영화는 알려진 이미지들의 복제와 회화적 재현 기능 자체의 연출에 양다리를 걸치고 있는 것이다.

알데노의 프레스코화들은 리비아 및 프란츠와 중복됨으로써 그들에게 비현실성을 부여한다. 촬영은 팔라디오 양식의 고디 발마라나 저택에서 행해졌는데, 그 벽들(특히 방으로 쓰인 비너스 살롱의 벽들)은 베로네세학파 화가들에 의해 정밀하게 그려진 프레스코화들로 장식되어 있다. 리비아가 루카를 맞아들일 때 그녀 뒤에 보이는 창가의 난간에 앉은 중년 남자(시퀀스 9b)의 그림이든, 말러가 돈을 가져가는 노란 살롱의 칸막이벽을 장식하는 인물들(시퀀스 10)이든, 아니면 더 나아가 침실(알코브) 커튼 뒤에 숨어 있는 프란츠를 복제하는 빨간 커튼을 여는 젊은 남자 그림과 시퀀스 7의 키스 동작을 에워싸는 카메라의 움직임 덕택에 모습을 드러내는 무릎 밑이 잘린 조각상(사진 16)이든 간에 프레스코화와 인물들 사이에는 이중의 전

염 효과가 발생한다. 물론 매번 벽화들이 암시 기능을 갖는다고 말할 수도 있다. 예를 들면 첫번째 경우, 그림은 아마도 프란츠 말러와 백작(그 순간 등장하는) 둘 다 리비아 옆에서 충족시켜 주지 못하는 그런 기능을 담보한 이상적인 남성상을 암시할 수 있을 것이다. 그 그림은 또한 재현된 인물처럼 수염을 기르고 창틀을 배경으로 보여지는 루카의 형상화일 가능성도 있고, 혹은 그림 속의 남자가 그 불안하고 겁먹은 시선을 대변하는 리비아 자신일 수도 있다. 침실 내벽에 새겨진 그들의 분신들을 통해 인물들의 심오한 감정들을 포착할 수 있도록 해주는 것은 근접성(지형적인 것이기도 하나, 자세 또는 시선의 유사성 때문이기도 한)이다(사진 17, 18, 19). 그러나 이런 암시의 기능 외에 우리가 이미 살펴본 것처럼 인물들은 그들을 가두고 이상화하는 프레임들과, 그들을 이분화하고 도치시키는 거울들과, 그들을 숨기고 드러내는 커튼들과 결합됨으로써 벽화들처럼 눈속임을 거친 이미지로 화한다.

촬영에 따른 움직임에도 불구하고 《센소》의 거의 모든 쇼트들은 고정되어 그림처럼 읽힐 수 있을 것이다. 쿠스토차 시퀀스의 마지막 이미지를 예로 들어 보자. 카메라는 살짝 뒤로 물러남으로써 역삼각형 구도를 가진 일종의 '그림'을 드러내 준다. 화면 밑의 꼭지점에 해당하는 부분에는 시체의 일부가 보이는데, 그것은 왼쪽으로는 죽어가는 군인의 팔이 이루는 사선의 전개로, 그리고 오른쪽으로는 관객의 시선을 부상당한 우소니 쪽으로 향하게 하는 또 다른 시체가 형성하는 사선으로 이어진다. 처음 시체 뒤로는 불그스름한 장작불이 피에몽테 군복의 파란색을 두드러지게 하고, 쇼트의 중심부를 형성함에 따라 헛되게 움직이고 있는 포병대가 이루는 수평선은 가까이 있음에도 불구하고 회색 연기로 가득 찬 저 멀리 하늘 쪽으로 내쳐진다.

이와 같은 다소 진부한 '영웅적 패배'의 이미지는, 평단에서 자주 그것의 모델이 된 것들을 언급한 바 있는 일련의 이미지 시리즈 중 마지막에 해당되는 것이다. 평론가들은 앞의 시퀀스에서 볼 수 있는 '농부들의 삶을 담은 장면들'과 '마키아이올리' 그룹의 전원풍 그림 간의 근접성과, 화가 하이에즈[25]의 〈키스〉와 시퀀스 7 끝에서 리비아와 프란츠가 나누는 키스(사진 20과 21) 사이의 유사성을 발견해 냈다. 그리고 쿠스토차 전투의 몇몇 쇼트들을 파토리의 유명한 작품들, 특히 군인들이 관람객으로부터 등을 돌리고 있고 멀어지는 선들이 한복판에 빈 공간을 형성하는 〈일 쿠아드라토 디 빌라 프랑카〉라는 제목의 그림에 연결시켜 주는 특징들도 찾아냈다. 역사의 그림화에 대해, 저자의 검토는 이런 것들이 근거 없는 미학적인 겉치레가 아니라는 것과 이와 같은 유사성들이 모방에 속한다는 것을 보여준다. 유사성들은 비스콘티가 강조한 바 있는 것처럼 형

---

25) 역사화가로 출발한 프란체스코 하이에즈(1792-1882)는 '낭만주의 화가' 세대에 속한다. 그는 1859년 〈키스〉를 그렸다. 조반니 파토리(1825-1906)는 시뇨리니와 마찬가지로 1855년 피렌체에서 구성되어 '사실주의' 효과에 있어서 '색채들의 점'의 역할을 이론화한 마키아이올리 그룹에 속한다. 파토리는 1876년과 1880년 사이에 〈쿠스토차 전투〉를 그렸다. 라파엘레 몬티는 《마키아이올리 그룹과 영화》(Paris, Vilo, 1979)에서 몇 가지 쇼트들을 보다 상세하게 분석하고 있고, 특히 시퀀스 5에서 리비아가 도착할 때 병사들의 숙영지와 시뇨리니의 그림 〈아침 화장〉 간의 연관성에 대해 지적하고 있다.

식보다는 내용과 관계가 있다. "물론 나는 《센소》에 나오는 전투신들과 동시대의 장면들을 그린 파토리를 알지만, 그를 모방하고자 한 적은 절대 없다. 나는 단지 진실에 가까이 가고자 한 것이고, 파토리가 진실을 그렸었기 때문에 사람들은 우리의 작품이 어떤 측면에서는 일치한다고 생각하는 것이다." 그리고 그 진실이라는 것은,

재현 자체 말고는 그림 속에 아무것도 볼 것이 없다는 사실이다. 역사의 메커니즘과 사랑의 메커니즘이 표출되는 것은 구상화된 이미지의 명확함과 현실의 경험된 불투명함 사이의 틈새에서다.

의미와 형식

《센소》는 필름 트랙의 구성 요소 중 색채와 음악이라는 두 가지에 막대한 중요성을 둔다. 이 둘은 지성보다는 감성을 더 자극하고, 종종 오직 이 목적을 위해서만 사용되고 있다. 그러나 이들의 영화에서의 활용상을 살펴보면 내레이션의 반복적인 강화나 근거 없는 스타일적 기교 양쪽 다 아님을 알 수 있다. 모든 것이 의미 창출에 기여하고 있으며, 이는 재료의 조형적이고 형식적인 처리를 배제하지 않는 것이다.

색들의 유희

우리는 보이토의 원작 인물에 대해 이야기하면서 베니스의 색채에 대한 리비아의 감수성을 언급한 바 있다. 비스콘티가 테크니 컬러로 찍은 첫 영화인 《센소》에서 평론가들은 오늘날 색조의 퇴락으로 안타깝게도 프린트상에서는 일부만 살아 있는 극단적인 정교한 작업에 놀라움을 표명했었다. 이샤크푸르처럼 감독에 대해 "영화사에서 컬러 영화의 창조자로 남을 것이다. 이전에는 색을 입힌 영화만이 존재했었다"라고까지 말하지는 않더라도 빛의 유희가 색의 유희와 한데 어우러지는 단색화의 효과와 강한 색들의 대조를 보고서 놀라움을 느끼지 않을 수 없다.

이와 같은 대조들은, 예를 들면 페니체 극장의 화려함을 암시하는데, 금색과 빨간색은 1층 관람객들의 흑백 의상과는 반대로 보석의 역할을 하고, 무대에는 초반에 〈일 트로바토레〉의 배경 장식에 의해 형상화되는 불길을 시각적으로 재현하는 오렌지와 분홍의 점감(漸減)이 펼쳐진다. 그런데 대조 현상은 단순히 지배적인 하나의 톤을 더욱 부각시키고자 사용될 수도 있다. 리비아의 화장대 위에 놓여진 작은 병들의 청록색 점들은, 알데노 침실 전부를 감싸는 동시에 시퀀스 8 초반에 이르러 꺼지기 전까지 램프에서 고양되는 금빛 갈색에 생명을 부여한다. 그러나 리비아의 의상이든 장식이나 풍경이든 간에 단색들의 섬세한 변화가 더 지배적이다. 이들의 표현에 있어서는 따뜻한 갈색(2막의 침실들, 혹은 알데노 장면에서도 특히 헛간)과 금빛나는 황토색(쿠스토차나 베로나로 향하는 마차 여행 같은 야외), 또는 반대로 베니스의 밤의 심연 속에서 물의 반사로 무지갯빛을 발하거나 베로나 내부에서 완전히 어두워지는, 때로는 짙은 밤색, 때로는 군청색의 어두운 채색이 지배적이다.

분명히 전적으로 조형적인 차원에서 구상되기는 하였지만, 색의 사용은 영화 전체의 작동에도 관여한다. 색은 "재현을 강화하고 (…) 뭔가 다른 세계를 창조하며, 그 '색' 즉 내적인 톤을 드러내기 위한 주된 수단 중의 하나이다. 그것은 머리치장이나 의상과 마찬가지로 역사성의 표현이다." 그런데 이와 같은 분위기 구축을 넘어서서 "그것은 가리키고, 능동적이며, 의미를 형성"하는데, 이는 늘 다소 불확실한 윤곽을 지니는 상징보다는 주조(主調)의 드라마트루기적 사용을 통해서이다. 특히 괄목할 만한 것은 정황에 따른 특정한 톤의 사용이다. 페니체 극장에서의 시위 때 장관을 이루는 마찰신에는 빨간톤과 금색톤이 사용되는데, 이 색들은 후에 베로나의 침실에서 다시 찾아볼 수 있다. 베니스 내부에서 탄생하는 불륜의 정열에는 갈색들과 군청색(다크 블루)이 사용된다. 배신의 점진적 추이를 표현하는 데에는 황토색을 띠는 노란색이 사용되는데, 이 톤은 배반과 관능의 금색톤을 띤 노랑(시퀀스 5에서 말러의 침대 덮개 색이기도 하다)으로 덮인 가구들이 들어찬 거실에서 백작부인이 파르티잔들의 돈상자를 자신의 정부에게 내줄 때 상징의 경지에까지 이르게 된다. 이는 리비아의 의상들에도 적용되는데, 의상은 그녀의 다양한 마음 상태를 표현한다. 베니스의 밤 장면에서 그녀를 감싸는 노랑으로 악센트를 준(그녀의 모자 깃털) 초록과 갈색의 조화에 뒤이어, 분홍빛을 띤 일련의 베이지들이 그녀가 처음으로 말러를 찾아갈 때 그녀의 사랑의 시작을 알린다. 한편 베로나에서의 마지막 만남 때 그녀를 감추는 퇴색된 검정은, 페니체 극장에서 그녀를 무장시키는 보석들의 찬란한 검정과 대조된다. 그녀의 드레스 빛깔 자체가 소프라노의 의상을 떠올리게 하는 것으로, 소프라노의 치마 주름은 백작부인의 하얀 사틴 드레스의 겹쳐진 주름들과 동일한 움직임을 따른다.

　다른 예로, 레오노라의 의상이 띠는 군청색(다크 블루)은 만리코가 얼어죽는 음침한 성곽이 띠는 동일한 색의 무대 장식을 반영하고, 그 군청색은 절망한 리비아가 베로나의 벽을 따라 걸을 때 다시 등장하게 된다. 하양과 검정의 대비는 단지 빛과 어둠, 선과 악의 대비와 동일한 효과를 띠는 것은 아니다. 물론 정염의 어두운 심연의 밤은 알데노와 이탈리아의 풍경들이 지니는 광채와 대립되지만 흰색은, 예를 들자면 이중의 역할을 하기도 하는 것이다. 흰색은 오스트리아 군복에 의해 대변되어, 쿠스토차 전투와 프란츠의 처형 때 죽음으로 얼룩짐으로써 불길함을 띠는 동시에 그 이름이 광휘를 의미하는 '클라라' 및 다른 부차적인 형상들, 예를 들면 농부들이 들여가는 짚더미 수레 중 한 개 위로 일어서는 전면에 보이는 개나 알데노 앞에서 여인들이 흔드는 천들을 통해 관능과 삶의 형상이 되기도 한다.

마지막으로, 파랑과 초록은 《센소》에서 특별한 기능을 한다.[26] 전자는 장식이나 의상에 점들로만 등장하지만, 말러가 입고 있는 바지의 색이다. 따라서 파랑은 그에 해당되고, 강박적인 그의 존재를 나타낸다. 즉 리비아가 프란츠를 그리워할 때면 항상 파란 점이 등장하는데, 시퀀스 4에서 그가 침대를 떠나자 그를 대신하는 화장대 위의 푸른 등이나, 알데노의 침실에 있는 다양한 물건들과 작은 병들, 혹은 베로나로 향하는 마차의 블라인드를 예로 들 수 있다. 초록은 빨강과 황토와는 대조적으로 차가움과 악의의 색으로 기능한다. 베로나의 방 안에 있는 초록색 식물들뿐 아니라 말러의 멋진 하얀 군복을 대체하는 그의 실내복 색에 의해 빨강과 대비되는 것은 바로 초록이다. 초록의 해로움은 알데노의 화장대 옆에서 리비아에

---

26) 이에 대해서는 베르나르 퀴오와 브루노 브로르가 분석한 바 있다.

대한 자신의 지배력을 되찾으려고 하는 프란츠가 황질의 초록색 망사천을 매만질 때 두드러진다.

음악의 기능들

이와 같이 조형적이면서 기표적인 이중 장치는 음악에 의해서도 드러난다. 비스콘티는 이 영화에서 기존의 음악 작품들을 사용하는데, 이는 그의 작품 세계에서 예외적인 것은 아니다. 이미 지배적인 한 작품에 의거하여 구성되는 영화들(《베니스에서의 죽음》에서 사용된 구스타프 말러의 음악과 《루트비히 2세》에서 사용된 바그너의 음악을 예로 들 수 있다) 이전에도 여러 암시들, 특히 이탈리아의 벨 칸토에 대한 암시들이 관례적으로 보였다. 이 영화에 인용된 음악 작품들에 대해서는 이전 장들에서 다룬 바 있다. 여기서 중점이 될 것은 선택된 소절들이 이미지 트랙과의 조율에 의해 영화에 통합되는 방식과 그 소절들의 기능이다.

음악 작품의 인용은 일종의 사회 계층에 따른 분배 현상을 띤다. '고전 음악'의 위대한 레퍼토리에 속하기에 문화적인 아우라를 지니고 있는 〈일 트로바토레〉와 브루크너의 〈제7교향곡〉은 지배 계급의 정치와 사랑에 이어지는 반면, 보다 '대중적인' 음악의 두 소절은 오스트리아 및 이탈리아 군인들에 의해 직접 불려진다. 그 중 한 곡은 슈베르트의 가곡 〈보리수〉로, 〈겨울 여행〉의 한 부분이자 독일 문화권에서 널리 알려진 음악에 해당한다. 다른 하나는 쿠스토차 시퀀스 초반에 발레지오 마을의 다리에서 출정하는 군인들이 부르는 리소르지멘토의 노래다.

이 노래는 지시적 기능이 있다. 이미 강조한 바 있는 것처럼 쿠스토차 시퀀스 전체는 낯섦의 효과(영화의 나머지 부분에서는 음악이 계속해서 나오기 때문)와 실재 효과를 동시에 발생시키는 '음악적 침묵'의 작용하에 있는데, 그 이유는 장면 맥락상 들을 수 있는 것만을 관객이 듣게 되기 때문이다. 나팔 소리들과 군악대가 내는 다른 소리들, 그리고 바로 군인들이 부르는 행진곡이 이에 해당된다. 합창이 들리는 다른 예는 영화에서 좀더 먼저 나오는데, 리비아가 자신을 바람맞힌 말러를 찾아 군인들의 숙소로 갈 때이다. 군인들 중 몇몇은 청각적 배면에서 흥얼거리고, 이때 가곡의 가사는 그 장면에 약간의 아이러니가 섞인 향수의 분위기(가족 및 연인과 단절된 젊은 점령군들이 경험하는)를 부여한다. 리비아가 버림받는 순간, 사랑의 말이 새겨진 보리수의 그늘 아래에서 "고통과 즐거움이 그에게로 나를 이끌었다(Es zog in Freud und Leide zu ihm mich immer fort)"는 것을 이해하는 사람의 몽상이 들려온다.

두 경우 모두에 있어서 음악은 분위기 형성이라는 고전적인 역할을 수행한다. 오페라의 경우는 조금 다른데, 오페라도 마찬가지로 in 공간에서 표현되고 영화 세계에 속하게 됨에도 불구하고 그렇다. 〈일 트로바토레〉의 다양한 아리아 선택 및 그것들을 영화에 통합하는 방식에 의해 연극적인 재현은 비유적 기능을 담당하게 되는데, 이는 이미 우리가 검토한 바 있는 오페라와 영화 사이의 이중화 및 도치 효과를 확인케 해준다. 오페라에서 선택된 순간은 두 연인이(영화의 첫 크레디트 시퀀스에서) 그들의 '순결한 사랑'(듀엣 "아 순결한 사랑의 기쁨!(Ah! gioe di casto amore!)")을 노래하고, 만리코가 자신의 어머니가 잡혀가서 곧 산 채로 화형당할 것임을 알게 되는 3막의 끝 부분이다. 이 소식을 듣고 그는 그녀를 '끔찍한 장작더미'로부터 구해 내자고 흥분하며(로만자인 "저 타오르는 불길을 보라(Di quella pira, l'orrendo foco……)"는 "불쌍한 어머니, 제가 구하러 달려갑니다. 아, 최소한 당신과 함께 죽기 위해(Madre infelice, corro a salvarti, o teco almeno corro a morir)"라는 소절로 끝을 맺는다) 정치적 동지들에게 도움을 청하고("무기를 들자, 무기를(All'armi, all'armi)"), 그들도 이구동성으로 죽을 준비가 되어 있음을 노래한다. 오페라의 4막은 만리코가 어머니와 함께 갇혀 있는 성곽 발치에서, 그녀의 희생의 전조가 되는 레오노라의 비탄적인 노래("사랑은 장밋빛 날개를 타고(D'amor sull'alli rosee vanne, sospir dolente)")로 다시 시작된다.

첫 만남이 이루어지는 것은 바로 이 아리아가 흐르는 동안이며, 영화 주인공들의 매 동작은 사실 그 가사에 의해 묘사된다. 말러는 소프라노가 "이 어두운 밤에 나는 당신에게로 황급히 돌아가고 당신은 그것을 모르는군요(In questa oscura notte ravvolta presso a te son io io e tu non lo sai)"라고 노래하는 동안 복스석에 들어서고, 리비아는 "그러나 고통, 고통, 내 가슴의 고통을 미리 말하지 마세요(Mah deh, non dirgli improvvido le pene, le pene, le pene del mio cor)"라는 가사에 맞춰 떠나기로 결심하는 것이다. 노래와 공간 구성으로 인해 백작부인은 소프라노와 맞춰지고, 이와 같은 '일치'는 만리코처럼 감금된 사촌만을 염려한다고 생각하지만 이미 말러를 연모하고 있는 백작부인의 무의식적인 욕망과 고뇌를 암시한다.

항상 off 공간에 위치하는 브루크너에 의한 '음악적 해설'은 종종 리비아를 동반함으로써 그녀의 보이스 **오버**가 발생시키는 시공간적 이동에 참여하고, 또 동시에 라이트모티프처럼 작용하는데, 이 라이트모티프는 음악적 해설에 의해 의미가 앙양되는 상황들로 변한다. 이와 같은 복잡한 음악 장치는 〈제7교향곡〉의 처음 두 악장을 구성하는 다섯 가지 주제의 단편들이 서로 교차되어 사용됨으로써 발생한다.[27]

스토리와 접목되는 음악적 인용들[28]은 "무제한으로 사랑하고 울기 위한," 즉 형언할 수 없는 것을 표현하기 위한 단어들을 대체하거나 배가시키면서 사랑의 흐름을 확대하고 칭송한다. 그렇다고 해서 이런 연상 작용이 일의적인 것은 아니다. 각 음악 주제는 여러 의미 효과들을 발생시키며, 이들은 실제로 대립되지는 않지만 변조의 가능성들을 제시한다. 교향곡 제1악장의 첫 주제는 영화에서의 첫 우발 사건을 구성하고, 사랑의 길을 연다. 그것은 개인사와 집단사 간의 모순들을 강조한다. 즉 시퀀스 6에서 우소니의 혁명에 대한 꿈과 리비아(연인을 다시 보기를 희망하는)와 알데노의 파르티잔들(승리를 기대하는)의 꿈에 연결됨으로써 그 주제는 변화의 희망을 예고하는 듯하다. 그러나 그것은 동시에 백작부인을 향한 이성 회복의 촉구에 구두점을 찍는 기능을 한다(우소니가 그녀의 의무를 상기시키고, 파르티잔들이 그녀에게 압력을 가할 때). 이 주제의 도치된 형태는 확대되고 극적이어서(브루크너의 1악장 전개에서 들리는 바처

27) 이 책의 〈원작, 역사, 음악〉편을 참조하기 바람.
28) 저자가 영화에 사용된 브루크너의 주제들을 정확하게 포착할 수 있었던 것은 음악가 친구인 피터 슈츠의 도움 덕택이다.

럼) 위협을 의미하기도 한다. 예를 들어 그것은 리비아가 연인을 찾아 도주할 때, 즉 남편에 의해 추적당하여 자신의 숨겨진 관계를 고백하게 될 때, 그리고 베로나로 향하는 장면의 쇼트들 중 두 개에서 그녀를 동반한다. 두번째 주제(역전된 형태로)는 배반과 환상의 효과를 강조하며, 이는 2막에서 프란츠가 알데노로 돌아왔을 때의 펜던트 에피소드와 4막에서 리비아에 의한 프란츠의 고발 에피소드에서 보여진다. 행복의 순간들, 베니스에서 처음 느끼는 마음의 동요, 첫키스 등을 고양시키는 것은 희망으로 가득 찬 찬란함을 동반하는 2악장의 두번째 주제이다. 올림 C단조의 첫 주제로부터는 바이올린의 등장 바로 직전 아다지오의 첫 발현에서부터 사랑을 죽음과 결합시키는 바그너적인 비통한 투벤(tuben)이 들린다(이는 알데노의 밤에서 꺼진 등불 위로 다시 등장한다). 차분함과 슬픔으로 가득하면서도 가끔 드라마틱한 폭을 지니는 전개부의 사용은 시퀀스 4에서부터 기약 없는 미래에 대한 대화 위로 흐름으로써 덧없으면서도 영원한 사랑의 인상을 강조한다. 전개부는 특히 알데노에서 말러가 리비아의 욕망에 다시 불을 지피고 돌이킬 수 없는 행동으로 끌어들일 때 흐르는데, 증폭되어 들림으로써 돈상자를 넘기는 행위를 극적으로 만든다. 또한 베로나의 침실에서 말러가 떠날 때 다시 들을 수 있고, 리비아가 마지막으로 방황할 때 반향으로서 들린다. 그럼으로써 사랑의 단절과 상처들뿐 아니라 이 연인들이 살아오던 세계의 종말에 대한 담화를 강조한다.

음악과 사랑의 정열과의 관련성은 음악이 출현하는 시간을 조직함으로써 한층 더 부각된다. 리비아-프란츠 간의 관계에 존재하는 두 단계가 전개되는 2막과 3막에서 상당히 길게 들리던 음악(약 2분에서 4분이 넘게까지)은 파국에 이르는 4막에서는 1분을 거의 넘는 적 없이 짧은 환기로서 기능할 뿐이다. 제1악장의 세 주제들이 서로 충돌하는 베로나로의 출발 장면 이후, 음악의 발현은 집단과 개인의 상황이 점진적으로 악화되고 있음을 나타낸다. 한편 음악의 지속은 성(性)이 유발시킨 이미지상의 공백들을 채우기도 한다. 이는 시퀀스 3의 끝과 시퀀스 4의 처음 사이는 물론 시퀀스 7과 8을 결합시키는 등불 위로 비추는 조명, 혹은 시퀀스 9와 10 사이에 암시되는 생략법에서 드러난다. 따라서 음악은 당시 검열로 인해 재현이 금지되었던 성관계에 해당되는 것이다. 관능은 특히 키스 장면들에서 환기되지만 조심성이 명백히 드러나며, '낭만적인' 정열이라는 것이 내세우는 육체는 물론 정신의 결합이라는 이미지를 보존한다.

마지막으로, 음악의 인용은 이미지 트랙에 기록되는 이야기상의 눈에 띄는 단절들을 쫓아낸다는 점에서 시간적 연속성의 효과를 발생시킨다. 이는 한 시퀀스 내부의 오버랩들에 겹쳐지거나 시퀀스들 간의 생략들을 지워 버림으로써, 혹은 페이드 아웃 위로 올리면서 실현된다. 몇몇 모티프들의 반복적 사용은 시간의 비가역성과 동시에 반복적 형태를 나타낸다. 즉 모든 것은 변하는 동시에 그대로 남는다는 것이다. 이와 같은 효과는 특히 말러가 리비아의 베일을 벗기는 손놀림간의 대립, 즉 욕망이 화려하게 꽃피는 시퀀스 3과 포화 상태가 되어 버린 시퀀스 13 사이의 대립이 아다지오의 두번째 주제의 동일한 모티프 재개에 의해 강조될 때 매우 두드러진다. 따라서 음악은 우리에게 시간의 이중적인 이미지를 제시한다. 순환적이고 반복적이지만 직선적이고 비가역적인 특성을 지님으로써 그것은 자신의 회오리 속, 죽음을 향해, 말러가 상기시키듯이 '너무 늦음'을 향해 개인들과 사회를 끌어들인다.

이와 같이 분위기의 고조, 형언할 수 없는 것의 묘사, 그리고 승화라는 삼중적인 역할과 마지막으로 시간의 표현이라는 역할 외에, 음악의 인용은 또한 영화 문체에 영감을 주고 있다고 생각해 볼 수 있다. 카메라의 선회와 긴 쇼트들은 음악 모티프들의 미끄러짐을 따라가고, 모드를 변화시킴으로써 주제를 끊임없이 역전시켜 사용하는 브루크너식 작곡의 고유성은 거울 장치들로 인한 효과들을 확대시킨다. 단적으로 고드바르주가 짚어낸 예를 들어 보자. 즉 이와 같은 종류의 형상('거울의 대위법')은 바로 말러가 베니스의 우물가에서 깨어진 거울조각을 집는 순간에 나타난다. 영화 전반에서는 물론 가장 미세한 디테일에 있어서도 교감들이 반향하고 반복−변이가 증대되는 '유착의 구조'를 반복과 도치 체계에 의해 부각되는 대위법에 연결시킴으로써, 비스콘티는 이 영화에서 향후 특히 《루트비히 2세》와 《베니스에서의 죽음》에서 구체화될 작업에 착수하고 있다.

유세프 이샤크푸르는 비스콘티가 예술 창작의 공인된 형식들을 인용하는 데에서 진정한 '예술들의 종합'을 본다. 그에 따르면 오페라, 소설과 연극, 음악과 미술의 인용은 상이한 재현 유형들을 조합함으로써 "기술적 복제를 통해 미학적인 복구를 추진하는" 결과를 창출한다. 저자에게는 그와 같은 인용들이 사용되고, 또 부분적으로는 전복되는 방식이 저자가 늘 "비스콘티식의 이중 장치"라고 칭해 온 것을 끝까지 밀고 나가도록 해주는 것으로 보인다. 그 이중 장치란, 보이토의 비속한 연애담을 시간을 초월한 사랑으로 전환시키는 것으로, 미학적 측면에서 일련의 이미지들의 환상성을 고발하고 있으면서도 그것들을 연장시키는 데에 있다. 즉 삶에서 영웅주의와 정열적인 사랑이 값싼 것이 되어 버렸다면, 스크린상에서 그리고 '멜로드라마'의 무대에서 그것들의 힘은 여전히 우리를 사로잡고 있으며, 이는 근본적으로 그것에 속아서는 안 된다고 우리에게 경고를 하는 동시에 우리가 필요로 하는 신화들의 영원성을 보장해 주는 것에 해당된다.

시퀀스 분석

3막의 초반에 위치하여 프란츠의 재등장 및 불륜의 두번째 에피소드 서막을 보여주는 시퀀스 7을 분석 대상으로 고른 것은, 지금까지 역사에 대해서는 '충분히' 서술한 반면, 이탈리아 개봉 당시 비스콘티 자신이 언급한 바 있듯이 그래도 "사랑(혹은 증오)에 관한 영화(film d'amore(o di odio))"이고, 1956년 프랑스 배급사측이 《나는 연인을 죽였다!》라는 제목으로 개봉하려던 영화인데, 정열에 관해서는 논의가 다소 적었다는 사실과 관련된다. 시퀀스 1(페니체 극장의 저녁)과 11(쿠스토차 전투)은 특별히 중요한 시퀀스들이기는 하지만 영화의 전체적인 분석 과정에서 충분히 다룬 바 있다.

시퀀스 7은 두 개의 페이드 아웃 사이에서 고립된 채 르네상스 화풍으로 알데노의 세르피에리가 저택이 있는 광경을 장엄한 파노라마로 잡아내는 독립 쇼트 바로 뒤에 등장한다. 이 시퀀스는 파르티잔들에 대한 리비아의 배신이라는 결과에 이르게 될 것이며, 영화에서 어떤 식으로 정열과 그 결과물들이 연출되고 있는지를 구체적으로 알 수 있게 해준다. 또한 베니스를 무대로 하는 시퀀스 2에서처럼 유혹 장면을 다시 도입함으로써 몇몇 단서들(특히 프란츠의 웃음)을 제시하여, 신중치 못하게 말러를 찾아온 리비아를 그가 내치게 되는 시퀀스 13을 예고한다. 따라서 시퀀스 7은 사랑 이야기의 중심축으로 기능하며, 이 사랑 이야기에서는 항상 밤을 배경으로 하고 눈에 띄게 유사한 길이(11 내지 12분)로 지속되는 세 개의 시퀀스가 매우 중요하게 기능한다.

이 시퀀스는 말러가 뜻밖에 리비아 곁으로 되돌아와 오만함("왜 이 모든 개들이 있는 거지? 당신 자신을 적들로부터 보호하기 위해서인가, 아니면 연인들로부터 보호하기 위함인가?")과 아이러니와 열정적인 선언의 몸짓을 번갈아 보여주는 때에 해당한다. 그럼으로써 그는 원하는 것을 획득하는 데에 성공한다. 우선 그녀가 방에 자신을 숨겨주도록 하는 것과, 이어서 욕망에 못 견디고 그에게 몸을 맡기고 말도록 하는 것. 그런데 그녀는 우롱당한 연인으로서 겪는 고통과 파괴된 여성으로서의 존엄을 표현하기 위해 시간을 할애한다. 단지 관객은 처음부터 말러가 거짓말을 하고 있고, 그녀에게 뭔가 다른 것을 요구할 것이며, 그녀는 이에 저항하지 못할 것이라는 사실을 알고 있다. 그녀의 저항이 지속되는 시간은 그녀를 비참하고도 우스꽝스럽게 만들며, 이는 시퀀스의 끝을 장식하는 키스신에서 그녀가 심지어 빛나는 모습을 보이는 것으로 이어진다. 관객은 리비아에 대해서는 아이러니와 배반당한 사랑에 대한 연민 사이, 말러에 대해서는 혐오와 일종의 호의 사이에 놓여짐으로써 보드빌과 멜로드라마 사이를 방황하게 된다. 말러는 자신이 취할 수 있는 것을 취하는 것이고, 시퀀스 13에서(혹은 이미 탈영에 대해 잠시 주춤하는 모습을 보이는 시퀀스 10: "당신…… 당신은…… 내가 그럴 수 있다고…… 그런 경멸스러운 일을 할 수 있을 것이라고 생각하는 거요?"에서도) 우리가 알게 되는 것처럼 보기보다는 그렇게 음흉하지 않을 수도 있는 것이다.

시퀀스 7의 쇼트들

쇼트 1(59초)

페이드 인 — 리비아가 자고 있는 방의 묘사. 밖에서 부르는 소리에 깨어나 몸을 일으켜 세운다.

사운드 트랙: Off 공간, 개 짖는 소리, 문 두드리는 소리, 하녀와 발코니에서 누군가를 본 정원사 간의 대화.

프레임-카메라의 움직임: 카메라는 창문에서 출발, 미디엄-롱 쇼트로 오른쪽에서 왼쪽으로 팬 촬영을 통해 침대 가까이 가서 멈춘다. 전진 트래킹하여 리비아를 오른쪽에서 가벼운 부감으로 잡는다.

쇼트 2(29초)

촬영 각도의 변화, 왼쪽 4분의 3. 리비아의 머리 움직임과 시간상 다소 어긋나게 커트로 연결.——리비아는 일어나 밖에서 문을 두드릴 때마다 그쪽을 돌아보면서, 창으로 된 문 쪽으로 향한다. 그 문의 오른쪽 회랑에 자신의 반사된 모습을 보는 동시에, 그녀는 말러를 발코니에서 발견하고 터져나오려는 비명을 억누른다. 그는 방

안으로 모습을 드러내고, 그녀는 그의 명령에 따라 문을 닫는다.

사운드 트랙: off에서 들리는 개 짖는 소리와 문 두드리는 소리. 이어서 말러와 리비아의 대화가 in하여 들린다. 그녀가 발코니에 서 있던 사람은 자기였다고 알림으로써 off 공간에서 들리던 소리들이 멈춘다. 말러는 그녀에게 문이 잠겼는지 확인하라고 한다.

프레임-카메라의 움직임: 리비아를 가슴까지 잡는 쇼트, 왼쪽 4분의 3. 카메라는 약간 뒤로 물러나 트래킹(왼쪽에서 오른쪽)으로 그녀를 창문으로 된 문까지 따라간다. 그곳에서 그녀가 정지하고, 동시에 그녀의 모습이 큰 거울에 비치는 것이 미디엄 쇼트로 잡힌다.

쇼트 3(1분 8초)

촬영 각도의 변화, 왼쪽 4분의 3. 리비아의 동작 위로 커팅 연결.
──리비아는 문을 닫고 나서 재빨리 말러 쪽으로 돌아온다. 중간에 숄을 집어 몸에 두른다. 말러가 입을 떼자 그녀는 침대 가까이로 가고, 숄이 미끄러져 내림으로써 그녀의 어깨가 드러난다. 말러가 껴안으려 하고, 그녀는 몸을 빼낸다. 그는 그녀를 바짝 따라가다가 물러선다. 즉시 그녀는 그를 뒤쫓아가서 침대의 닫집 뒤, 숨을 장소를 가리킨다.

사운드 트랙: 밖에서 들리는 개 짖는 소리. 하녀를 자라고 되돌려보낸 후, 리비아는 말러에게 감히 알데노로 찾아온 것을 나무란다. 그는 그녀를 포옹하기 위해 왔다고 선언한다. 그녀가 그를 밀쳐내자 그는 개들이 자기를 먹어치울 수 있을 것이라고 암시한다. 리비아는 "안 돼요! 안 돼, 안 돼!"라고 소리지른 후 숨을 곳을 알

려준다. "저쪽으로!"

프레임-카메라의 움직임: 카메라는 리비아를 왼쪽 4분의 3 자세에서 아메리칸 쇼트로 잡은 후, 이어서 길게 늘어지는 팬으로 따라간다. 카메라는 대사가 이어지는 동안 미디엄 쇼트로 고정되었다가 가벼운 트래킹(오른쪽에서 왼쪽)으로 침대 쪽으로 리비아를 따라간다. 다시 한번 고정되었다가, 카메라는 왼쪽에서 오른쪽으로 향하는 트래킹을 다시 시작하여 두 명을 아메리칸 쇼트로 따라가고, 그들과 함께 멈췄다가 오른쪽으로 이동하기 시작하는 리비아의 움직임을 쫓아간다.

쇼트 4(55초)

리비아의 동작과 카메라의 움직임 위로 커팅 연결.——리비아는 창문으로 된 문을 닫고 잠시 멈췄다가 닫집쪽으로 가까이 간다. 그녀는 닫집의 오른쪽 커튼을 들추고 침대 위, 말러를 마주 보고 앉는다. 그는 팔짱을 끼고 서 있는데, 닫집의 왼쪽 커튼 뒤에 있으면서 동시에 침대 뒤에 위치한 거울에 그의 모습이 비치고 있다. 그가 가까이 다가갈 수 없는 여인에 대한 자신의 사랑을 이야기하자 리비아는 급격한 동요를 보인다.

사운드 트랙: Off 공간에서 음악이 들리기 시작. 리비아가 창문을 닫은 직후 브루크너의 교향곡 제1악장의 **B** 주제가 흐른다. 그녀는 베니스에서 버림받았던 자신의 수모를 상기시키고, 말러는 자신이 파렴치한이기에는 너무 젊고, 불가능한 사랑 때문에 떠났었다고 주장하면서 자신을 정당화한다.

프레임-카메라의 움직임: 창문을 닫고 뒤돌아서는 리비아를 정면 미디엄 쇼트로 잡는다. 그녀는 커튼에 의해 화면 내의 또 다른 프레임 속에 위치한다. 오른쪽에서 왼쪽으로 향하는 트래킹이 그녀를 침대까지 따라간 후, 약간 오른쪽에서 잡은 두 사람의 미디엄 쇼트가 고정 프레임으로 보인다.

쇼트 5(1분 11초)

촬영축의 변화, 왼쪽 4분의 3. 말러가 머리를 움직임으로써 그에 답하는 듯한 리비아의 움직임 위로 매우 거친 커팅. 어둠에서 밝음으로 갑작스런 이행. 말러의 목소리가 **계속되다가 off로 들리는 음악.**──말러는 벽화 앞에 서 있는데, 그림에는 붉은 커튼 뒤에서부터 나와 왼쪽으로 손가락을 내밀어 리비아를 가리키는 듯한 젊은 청년이 묘사되어 있다. 말러는 계속 말을 이어가다가 닫집의 커튼을 배경으로 여전히 앉아 있는 백작부인 앞으로 가서 무릎을 꿇는다. 일어나서 화면의 오른쪽으로 나가기 전에 그녀는 그의 머리를 쓰다듬는다. 말러는 혼자 남아 히죽거리기 시작하다가 웃는다.

사운드 트랙: off에서 계속 음악이 들리는 동안 말러는 자신의 사랑을 주장한다. 리비아는 그에게 전쟁중임을 상기시키지만, 그는 그와 같은 생각을 물리친다. 그녀가 화면 밖으로 나가자마자 그는 당장 떠나겠다고 위협하고, 높아지는 바이올린 소리에 맞춰 그녀가 "안 돼요, 기다려요, 기다려!"라고 답하자 웃기 시작한다.

프레임-카메라의 움직임: 말러는 왼쪽 4분의 3 자세의 허리 쇼트로 카메라에 잡힌 후, 오른쪽에서 왼쪽으로 향하는 팬 이동 촬영에 의해 리비아 옆으로 다가오는 것이 보인다. 카메라는 미디엄 쇼트로 고정되어 오른쪽에서부터 가벼운 부감 촬영에 의해 두 사람을 먼저 보여준 후, 혼자 남은 말러를 보여준다.

쇼트 6(42초)

촬영 각도의 변화에 의한 거친 커트로 연결. 왼쪽 4분의 3. 프란츠의 시선축(그러나 그는 막 침대 닫집 쪽을 쳐다본 후다). 밝음에서 어둠으로 갑작스러운 이행. 지속되는 웃음과 음악의 종결.——리비아는 다시 분홍과 자주의 단색조를 띠는 실내복을 걸쳤다. 그녀는 머리를 다시 매만진 후, 꽤 열려 있는 찬장 앞을 지나 몸을 일으킨 말러에게 다가간다. 그녀는 등불을 든 후, 문을 닫고 나가면서 말러에게 조용히 있으라는 신호를 보낸다.

사운드 트랙: 음악 종결. 프란츠의 웃음소리는 리비아에 의해 중단되고 개 짖는 소리가 다시 들린다. 리비아는 말러에게 "이곳에 있으라"고 명령하고, 그는 약간의 조롱을 섞어 그 말을 강조한다.

프레임-카메라의 움직임: 아메리칸 쇼트로 보여진 후, 리비아는 오른쪽에서 왼쪽으로 향하는 팬 이동 카메라의 추적을 받는다. 카메라는 잠시 멈췄다가 다시 리비아를 쫓아가기 위해 이전과는 반대의 움직임을 재개한다.

쇼트 7(11초)

바깥, 밤, 개 짖는 소리 위로 커팅 연결.— 하인들은 층계 아래에 위치. 카메라 움직임에 의해 층계가 드러나고, 등불을 든 리비아가 현관 앞 계단에 등장하여 화면의 오른쪽으로 향한다.

사운드 트랙: 침입자에 관한 하인들의 대화, 그리고 리비아의 확언. 계속되는 개 짖는 소리.

프레임-카메라의 움직임: 계단 아래를 오른쪽에서부터 부감 촬영 후, 카메라가 틸트하여 리비아가 그 끝에 서 있는 계단을 잡아주는 롱 쇼트.

쇼트 8(13초)

오른쪽으로 가는 움직임 위로 연결, 개 짖는 소리. — 홀 내부, 화면의 오른쪽에서부터 중앙에 있는 큰 테이블 주위를 돌면서 하녀와 정원사가 리비아 쪽으로 온다. 리비아는 등불을 들고 왼쪽으로 들어오고 있다.

그녀 뒤는 딥포커스의 효과(한 줄로 늘어선 문들과 불빛).

사운드 트랙: 하녀가 걱정된다고 말하자 리비아는 그녀를 안심시킨다. 그녀의 말은 갑작스러운 백작의 목소리로 중단된다.

off에서 들리는 개 짖는 소리.

프레임-카메라의 움직임: 미디엄 롱 쇼트. 오른쪽에서 왼쪽으로 가는 트래킹으로 하녀와 정원사를 따라가다가 리비아 위로 고정.

쇼트 9(5초)

촬영 각도의 변화. 거친 커팅으로 연결. 개 짖는 소리와 백작의 목소리. — 계단의 난간에 기댄 백작의 뒷모습.

사운드 트랙: 그는 하인 한 명에게 침입자의 흔적을 찾아내라고

명령한다.

off에서 들리는 개 짖는 소리.

프레임-카메라의 움직임: 근접 쇼트, 왼쪽 4분의 3. 가벼운 재 프레임화로 백작에게 약간 다가간다.

쇼트 10(8초)

백작의 시선에 해당될 것으로 추정되는 축 위로 커팅 연결. — 하인이 정원의 어두운 곳을 뒤지고 있다.

사운드 트랙: 백작과 하인 간의 대화.

off에서 들리는 개 짖는 소리.

프레임-카메라의 움직임: 부감 롱 쇼트.

쇼트 11(21초)

백작 목소리에서 커팅으로 연결. — 다시 중앙 홀. 하인들이 개 들을 밖으로 내보낸다. 리비아는 화면의 깊은 안쪽 오른편으로 간 다. 그녀는 따라오는 하녀를 물리친다. 화면에는 하녀 혼자 남는다.

사운드 트랙: off 공간에서 명령을 내리고 있는 백작의 목소리와 문 여닫는 소리, 그리고 개 짖는 소리가 들리는 동안 리비아와 하 녀 간의 짧은 대화.

프레임-카메라의 움직임: 화면 왼쪽에서 아메리칸 쇼트로 잡히 는 리비아. 카메라는 약간 뒤로 물러나 왼쪽에서 오른쪽으로 그녀 를 트래킹하여 문 앞에까지 이른다. 그곳에서 두 여자를 미디엄 쇼 트로 잡는다.

쇼트 12(17초)

커트 연결. — 리비아는 터키석색의 물건으로 가득 찬 화장대 앞에 앉아 머리를 움켜쥔다.

사운드 트랙: 자신을 원망하지 말아 달라고 말하는 프란츠의 목소리가 off에서 들린다.

프레임-카메라의 움직임: 오른쪽에서 고정 카메라로 잡힌 리비아. 그녀가 앉은 모습이 측면으로 보인다.

쇼트 13(1분 8초)

커트 연결. 카메라는 약간 왼쪽으로 이동한 상태. — 리비아는 화장대 앞에 앉아 있다. 화장대 위에 거울이 하나 있고, 거기에 초록색 베일을 만지작거리는 프란츠의 얼굴이 투영된다. 그는 화장대 주변을 한 바퀴 돌고 나서 리비아 뒤에 선다. 리비아는 일부러 그에게서 등을 돌린다. 그는 그녀에게 다가가 무릎을 꿇고 그녀의 팔을 애무한 후, 그녀가 그를 살짝 밀쳐내자 몸을 일으켜 세우고 화장대 위로 초록색 천을 내던지고 나서 화면 오른쪽으로 나가 버린다.

사운드 트랙: 리비아는 그녀가 정신을 차렸다고 설명하고, 프란츠는 이에 동의하는 듯하다.

프레임-카메라의 움직임: 얼굴을 감춘 리비아의 뒷모습 근접 쇼트. 카메라는 뒤로 물러나 왼쪽에서 오른쪽으로 프란츠를 따라가다가, 두 사람을 약간 오른쪽에서 미디엄 쇼트로 고정시켜 잡는다.

쇼트 14(17초)

꽤 거친 커팅으로 연결. 촬영 각도 및 쇼트 크기의 변화 동반. ─
쇼트 6에서 보였던 찬장 앞에 혼자 남은 프란츠. 찬장 위로 폐허
광경을 그린 프레스코화들이 보인다. 그는 화면의 왼쪽으로 전진
한다.

사운드 트랙: 그는 리비아에게 앉으라고 권유한다. 리비아는 동
의하나, 개들이 진정하면 떠나야 한다고 선고한다. off에서 들리는
개 짖는 소리.

프레임-카메라의 움직임: 근접 쇼트로 왼쪽에서 약간 앙각으로
잡힌 프란츠. 카메라는 약간 뒤로 물러나 오른쪽에서 왼쪽, 아메리
칸 쇼트로 그의 움직임을 따라간다.

쇼트 15(1분 30초)

프란츠의 이동과 카메라의 이동 위로 커팅 연결. ─ 화장대 가까
이에서 앞을 보고 앉은 리비아. 점점 괴로운 표정. 프란츠는 오른
쪽에서부터 화면 안으로 들어와 망토를 벗어던진 후 화장대 뒤에
있는 작은 소파로 가서 드러눕는다. 리비아는 그에게 등을 돌린 자
세이고, 그의 동작은 관객에게만 보인다.

사운드 트랙: off 공간에서 흐르는 브루크너의 아다지오 첫 주제.
프란츠는 방 안에서 익은 밀 냄새와 마음을 동요시키는 향을 느낄
수 있다고 독백한다. 그리고 나서 리비아에게, 그녀가 뭔가 말한
것을 들은 것 같다는 주장을 되풀이한다. 그녀는 부인하고 나서,
개들이 없어졌으니 떠나야 한다고 말한다.

프레임-카메라의 움직임: 프란츠가 오른쪽에서 왼쪽으로 움직

여 소파에 가서 누울 때까지, 그의 동선을 따라 아메리칸 쇼트로 보이는 리비아 주위를 팬하는 카메라. 카메라는 오른쪽에서 딥 포커스로, 떨어져 있는 두 사람을 가벼운 부감 및 고정 프레임으로 잡는다.

쇼트 16(16초)

커트 연결. 촬영 각도와 쇼트 크기의 변화. off 공간 음악 및 리비아의 목소리의 지속. — 소파에 누워 있는 프란츠.

사운드 트랙: off 공간에서 흐르는 음악. 프란츠가 불평하는 동안 외화면 영역에서 들리는 리비아의 고집하는 목소리.

프레임-카메라의 움직임: 왼쪽에서 두드러지는 부감으로 촬영된 근접 쇼트.

쇼트 17(40초)

촬영 각도와 쇼트 크기의 변화, 커트 연결, off 공간에서 지속되는 음악과 목소리. — 여전히 갈라져 있는 두 사람. 파랑과 초록이 뒤섞여 있는 화장대 가까이에서 프란츠로부터 등을 돌린 리비아. 오른쪽 배면에 누워 있는 프란츠. 몸을 일으킨다.

사운드 트랙: 리비아는 고집한다. "떠나세요." 프란츠는 너무 잔인한 현실이라고 항의한다. 그가 일어나자 바이올린 소리가 커진다.

프레임-카메라의 움직임: 왼쪽에서 사각 앵글로 강조된 부감에 의한 롱 쇼트.

쇼트 18(48초)

촬영 각도와 쇼트 크기의 변화, 커트 연결, off 공간에서 지속되는 음악. — 정면으로 보이는 리비아. 그녀 뒤로 프란츠가 다가와 몸을 굽힌다. 그녀는 몸을 돌려 키스에 응한다. 두 사람은 일어나서 오른쪽으로 이동한다. 그들은 먼저 다리가 잘려나간 여인의 조각상을 그린 정밀화 앞에 있다가 찬장 앞으로까지 이동하여 하이에즈의 그림에 묘사된 키스 자세를 취한다.

사운드 트랙: 리비아의 승낙과 열정적인 대사.

off에서 음악.

프레임과 카메라의 움직임: 키스 장면의 근접 쇼트. 카메라는 두 사람 주위를 돌면서 뒤로 물러나기 시작한다. 두 사람의 움직임을 따라 오른쪽으로 이동하다가 왼쪽에서 오른쪽으로 트래킹하여 쫓아가서, 약간의 로우 앵글로 잡은 미디엄 쇼트로 키스 장면을 고양시킨다.

시퀀스 8의 초반

오버랩, **off**에서 들리는 음악. — 회분홍색으로 바뀌는 금색 등불 위로.

사운드 트랙: 아다지오의 투벤.

프레임-카메라의 움직임: 등불 주위를 팬하고 후진 트래킹함으로써 소파에 누워 있는 두 사람의 모습이 딥포커스로 드러난다.

3막극의 구조

18개의 쇼트로 이루어진 이 시퀀스는 3개의 하위 그룹으로 구성된다. 거의 동일한 길이의 2개 집합(처음 것은 약 5분 길이에 6개의 쇼트, 두번째 것은 7개의 쇼트)은 1분도 채 안 되도록 보다 빠르게 편집된 5개의 쇼트군과 결합된다. 이 세 단편들은 리비아의 존재에 의해 보장되는, 생략에 의한 연속성에 따라 연결된다. 즉 첫째, 셋째 단편은 그녀의 방에서 진행되며, 이때 그녀는 잠시 밖으로 나가 먼저 중앙 계단 위로, 다음에는 홀의 기능을 하는 중앙 대기실로 가서 발코니에 나타난 정체 모를 존재에 대해 불안해하는 집안 식구 전체, 즉 사람들과 남편을 만난다.

따라서 침실에서 전개되는 두 장면에 의미를 부여하는 것은 빠르게 편집된 짧은 쇼트들로 이루어진 두번째 부분이다. 이 단락의 매우 짧은 중심 쇼트는 동시에 시퀀스 전체의 중심 쇼트이기도 하다. 이 쇼트는 이전 쇼트의 끝에서 백작의 목소리가 백작부인의 말을 갑작스럽게 끊은 후, 정원사가 발견한 침입자의 자취를 수색하는 데에 몰두한 그를 뒤에서 잡아 준다. 따라서 관객은 베니스에서 세르피에리 백작이 부인의 뒤를 미행하는 시퀀스 6에서와 마찬가지로 보드빌(가벼운 희극)을 한창 보고 있는 듯한 느낌을 갖게 된다. 여기서는 아내의 정부가 그녀의 침대 뒤에 숨어 있는 동안, 백작은 어둠 속에 묻힌 정원 쪽으로 몸을 굽힌 채 눈에 띄게 현실에 등을 돌리고 있는 것이다. 이와 같은 보드빌적인 측면은 리비아와 말러 사이의 대사 소개, 곧 살펴보겠지만 통속극의 연출 방식에 매우 가까운 그런 소개 방식에 의해 확인된다.[29]

극은 인물들의 대사와 동작에 의해 재현되고, 쇼트 3에서 보이는 리비아의 저항에서부터 쇼트 18의 복종에 이르기까지 거부와 억누를 수 없는 욕망의 동요들을 교차시키면서 전개되며, 또한 카메라와 편집의 도움을 받아 진행된다. 첫 단락에서는 긴 쇼트들(대략 1분 정도)이 이어진다. 이 단락은 화려한 배경 장식을 설정하고, 그녀와 늘 함께 이동하고 멈추는 카메라의 추적을 받는 리비아의 반응들, 우선은 불안하고 다음으로는 미칠 지경이 된 그녀의 반응을 보여주는 데에 전적으로 할애된다. 30초밖에 지속되지 않는 쇼트 1은 상대적으로 짧아, 말러가 침실 내로 뜻밖에 등장한 데에 따른 놀라움의 효과를 강화한다. 쇼트 5에서 승리의 미소에 이어 웃음으로 표현되는 그의 허세와 무례함에도 불구하고 그는 아직 상황을 완전히 제압하고 있지 못하다.

반면 세번째 단락의 편집은 짧은 쇼트들과 긴 쇼트들을 교차시키는데, 이 쇼트들은 근접 프레임으로 인물들을 각각 따로 보여주는 것과 두 사람을 같이 보여주는 것을 대비시킨다. 이번에는 프란츠가 카메라가 따라가는 대상이 됨으로써 그때까지 리비아에게 한정되었던 공간의 통제권을 부여받게 된다. 리비아는 말 그대로 연인의 등장에 넋이 나간 상태이고, 그의 존재는 그를 단독으로 보여주

---

29) 이와 같은 측면은 처음 프린트에서는 더욱 강조되었는데, 그 장면이 하녀 로라가 열쇠 구멍으로 엿보는 데에서 끝나기 때문이다! 카펠리가 출간한 데쿠파주에도 지적된 이와 같은 배우의 연기는 후에 삭제되었다.

면서 동시에 그가 그녀에게 미치는 영향——반복되는 쇼크들에 의해 결국 그녀가 물러서고 말게 되는 것——을 짚어 주는 짧은 쇼트들에 의해 한층 함축성을 띠게 된다.

무대 연기: 영화적 연극

연극적 효과는 이 시퀀스 내내 강하게 감지된다. 이는 우선 장식, 프레이밍, 그리고 조명에서 비롯된다. 물론 사치스러운 가구들이 잔뜩 존재함으로써 19세기 이탈리아 귀족의 부와 취향이 떠올려진다. 이는 베로나에 있는 프란츠의 집을 장식하고 있는 '서민적'인 가구들이 반영하는 '퇴락한' 복제품들과 종종 대비되어 언급되기도 했다. 마찬가지로 촬영감독 알도의 카메라와 조명에 따른 막연하면서도 부드러운 분위기는, 그가 원했던 것처럼 "인물들의 마음 상태와 영화의 순간"을 드러내 주는데, 이는 "불가능의 한계선에 달하여 모든 것이 붉게 전도될 위험을 안은 채" 덜 보여주고 또 빛을 흩어지게 함으로써 실현되고 있다.[30]

쇼트 4와 5, 그리고 쇼트 5와 6 사이에서 보이는 것처럼 침대의 뚜렷한 명암 대비에서부터 붉은 커튼 위로 두드러지는 프란츠의 눈부신 흰 망토로의 전환, 그리고 편하게 누워 있는 그를 둘러싼 천들의 빛나는 광채에서부터 리비아의 실내복이 띠는 어두운 진홍색을

---

30) 카펠리의 데쿠파주, 앞의 책, 202-203쪽.

강화시켜 주는 어둠으로의 갑작스러운 전환은 두 인물들 사이의 대비를 강화시켜 주는 효과가 있다. 마찬가지로 색은 여기에서 매우 무게 있는 의미를 지닌다. 리비아의 화장대에 들어찬 티키 블루의 물건들은 존재하지 않는 프란츠에 대한 그녀의 욕구를 증명하며, 그가 만지작거리는 초록색 천은 그의 불길한 힘을 상기시킨다.

많아지는 커튼은 분명 일반적으로 호화로운 내부를 특징짓는 장식의 과잉으로 읽혀질 수도 있다. 그러나 커튼들이 일종의 틀이 되어 인물들을 다시 둘러쌈으로써 인물들은 관객이 시퀀스 1에서 보았던 페니체 극장의 '붉은 커튼의 주름들' 사이에 놓여진다. 리비아 자신이 항복의 신을 준비한다. 이는 그녀가 자신이 막 닫은 창문의 커튼들 사이에 멈춰섰다가(사진 22) 그녀의 고통스러운 얼굴에 보석상자로서 기능(사진 23)하게 될 침대 닫집의 베일들, 그것들을 거둬올림(쇼트 4)으로써 실현된다. 이 시퀀스 내내 인물들은 대사를 주고받음에 있어서 연극의 전통적인 자세를 취하고 있다. 낭만적인 무릎꿇기(쇼트 5와 13)나 말러의 경우 망토의 움직임, 리비아의 경우 숄의 움직임이 대사를 동반하는 경우를 들 수 있는데, 특히 눈에 띄는 예를 쇼트 3에서 찾아볼 수 있다. 백작부인이 그녀가 손에 잡은 옷가지로 몸을 감싸자, 프란츠는 모자를 벗어던지고 일종의 겉멋들린 태도로 망토를 움직이면서 애정적 측면에서의 주장을 펼침으로써 응수하고("나는 아무것도 결정하지 않았어요. 갑자기 당신을 다시 봐야만 할 필요를 느꼈고, 여기에 온 겁니다"), 그에 따라 리비아의 어깨에서 숄이 흘러내려 그녀의 무력함을 알리는 신호탄이 된다.

연극적 효과는 공간 구축의 측면에서 더욱 강하게 느껴진다. 침실은 '무대' 처럼 구성되는 것이다. 카메라의 움직임(특히 쇼트 1에서)은 반원형의 공간을 구축하고, 이 공간은 문들과 가짜 기둥들과 난간들이 만들어 내는 딥포커스 장치에 의해 확대된다. 이 무대는 1층석 관객의 시점에서 수평적으로 살펴볼 수도 있지만, 시퀀스 1에서 싸우러 가자고 자신을 둘러싼 동료들에게 호소하는 만리코를 꼭대기 좌석에서 내려다보는 시점으로 비추는 세번째 쇼트와 유사한

프레이밍에 의해 위에서 제시되기도 한다. 쇼트 5에서 리비아 옆에 무릎을 꿇었다가 혼자 남는 프란츠에 의해 이미 감지되는 이와 같은 효과는, 쇼트 17에서 리비아의 마지막 저항의 경련이 사각 앵글의 부감 촬영을 써서 화장대를 중점적으로 잡는 롱 쇼트에 의해 강화될 때 매우 두드러진다.

　주인공들의 대화는 특히 관객을 향한 것이며, 따라서 관객은 그들의 진정성이 결여되어 있는지 여부를 판단할 수 있다. 리비아와 프란츠는 때로 마주 보기도 하나, 대체적으로 백작부인은 자신이 보고 싶어하지 않고 그에 저항하고자 하는 연인에게서 등을 돌리고 있다. 리비아는 말러의 시선을 피하고자 하는데, 그녀의 찡그린 얼굴(사진 24)과 자기도 모르게 드러나는 동작들(특히 쇼트 4와 5)은 그 내적 싸움의 강도를 짐작케끔 한다. 한편 그녀가 등을 돌림으로써 관객은 남자가 얼마나 그녀를 비웃고 있는지를 강조해 주는 그의 몸짓과 동작들을 분명히 볼 수 있다. 남자는 정열적인 연인을 연

기하되 그 효과들을 계산하고 있거나, 혹은 자신의 냉소를 위선적인 방식으로 반만 숨길 뿐이다. 그의 방종한 자세는 그가 얼마나 자신이 야기하는 효과에 대해 자신만만한지를 잘 보여준다.

이중 장치의 위험

이미 살펴본 것처럼 영화 전반에 걸쳐 반복되는 거울과 벽화의 사용에 의한 이중화 작업은 이 시퀀스에서 특히 강조되어 나타난다.

창문식 문과 커튼이 만들어 내는 프레임 안에 놓인 하얀 유령 앞에선 리비아가 놀람의 비명을 억누르는 쇼트 2에서부터 그녀는 오른쪽에 위치한 큰 거울에 투영된다(사진 25). 그녀가 겪고 있는 분열상은 그녀의 모습을 비추는 방식에 의해 강조된다. 즉 등을 4분의 3 돌린 자세의 '실재하는' 여자와, 거의 관객이 정면으로 볼 수 있는 거울 속의 '가상의' 여자 사이에 말러가 위치하는데, 그는 그녀의 시선을 가로채고 그녀로 하여금 그녀 자신을 볼 수 없게끔 한다. 이는 쇼트 13에서 확실해지는데, 프란츠의 얼굴이 화장대의 둥근 거울 속에 두 번 투영되고, 이때 리비아는 눈을 내리깔거나(쇼트의 처음) 등을 돌린다(쇼트의 끝). 가장 흥미로운 예는 아마도 쇼트 4에서 젊은 남자의 이중성을 비판하는 거울의 효과일 것이다. 약간 튀어나오고 호화롭게 장식된(아이러니하게도 얀 반 에이크의 그림에서 아르놀피니 부부를 미장아빔으로 투시하는 거울을 상기시키는) 이 거울은 침대 닫집 커튼의 한쪽 면이 들추어짐으로써 오른쪽의 리비아

와 왼쪽에서 보이는 말러 사이에 그 모습을 드러낸다. 거울은 딥포
커스와 동시에 중위의 은폐를 암시하며, 이때 중위는 자신이 그뒤
에 숨어 있는 침대의 왼쪽 커튼에 의해 은폐되었다가 정체가 드러
난다. 그 순간 그의 대사는 특별히 '거짓' 되게 들리는 동시에, 아마
진실로 들린다고 할 수도 있을 것이다. 그는 리비아에 대해 잔인함
("세르피에리 백작부인, 나는 당신보다 더 젊소")과 감정("그리고 내가
그렇게 보이고 싶은 정도만큼이나 파렴치하지는 않소")이라는 두 가
지 패를 사용한다. 이는 시퀀스 2에서 유혹을 처음 시도한 이래 그
가 취해 왔던 행동 노선에 따른 것이다. 그는 또한 백작부인의 나이
와 환속한 중위의 절망에 대해 이야기하는 시퀀스 13의 대사를 예
고한다.

　그럼에도 불구하고 중위가 '연기를 하고 있다' 는 사실은 다음 쇼
트에서 강조되는데, 이는 쇼트간의 연결이 어긋남에서 비롯된다.
리비아는 그가 "나는 나를 절대로 사랑할 수 없었을 여자를 사랑하게 되었다는 것을 깨닫기 시작했을 때"라고 선언하는 순간, 갑작스럽게 머리를 오른쪽으로 막 돌린 상태다. 그리고 그 쇼트에서 다음 쇼트로의 연결은 프란츠의 머리가 왼쪽에서 오른쪽으로 움직이는 것을 보여준다. 그는 "떠날 수밖에 없었어요"라고 계속해서 말하면서, 그녀의 자세를 역으로 반복한다는 듯한 인상을 준다. 그의 자세가 이전 쇼트와 동일함(팔짱을 낀 채 벽에 기댄)에도 불구하고 단절은 매우 강하다. 이는 촬영 각도, 쇼트 크기, 그리고 특히 조명의 변화에 기인하며, 조명은 여기에서 그때까지 지배적이었던 완화된 것과는 대비되는 특별히 생생한 톤을 띠게 된다.

밝은 빛은 프란츠 뒤의 벽화를 부각시킨다. 그 그림은 붉은 커튼의 왼쪽에 있는 한 귀공자를 보여주는데, 이때 커튼은 한 중년 남자(얼굴이 보이는)의 팔에 의해 오른쪽으로 들춰져 있다. 젊은 남자는 왼쪽으로 이동하고 있으며, 자기 앞으로 손가락을 내밀고 있고 동시에 반 정도 오른쪽으로 몸을 돌린 상태다. 벽화에 그려진 두 팔의 서로 반대되는 방향은 말러의 겹쳐진 팔을 재현하는 동시에 그들의 대립되는 움직임에 의해 말러의 팔짱과 반대되는 것으로 보인다. 말러는 벽에서 떨어져(사진 26) 벽화가 지시하는 방향이자 여전히 침대 위에 앉아 있는 리비아 쪽으로 그를 이끌어 주는 방향으로 움직이게 된다. 그럼으로써 그는 벽화의 명령에 복종하고, 또 붉은 커튼 뒤 발코니에서 솟아났던 것처럼 그 자신이 다시 한번 튀어나온 듯이 보인다.

그런데 두 연인이 살고 있는 이와 같은 표리적인 세계는, 장식과 음악이 증명하는 것처럼 깨어지기 쉽고 위협받는 것이다. 장식은 침

실 내벽을 꾸미고 있는 '폐허'의 이미지를 그린 정밀화를 매개로 이를 증명한다. 이와 같은 폐허의 이미지는 쇼트 14에서 키스 장면의 최종 뒷배경으로 기능하는 활짝 열린 옷장 위에서 찾아볼 수 있었다. 음악 전개와 가벼운 로우 앵글로의 재프레임화에 의해 앙양되는 이 장면은, 오버랩되기 전에 이미 이 책에서 하이에즈의 그림과의 유사한 자세를 강조한 바 있는 찬란한 이미지로 끝을 장식한다. 그러나 이 장면은 카메라의 팬과, 이어서 왼쪽에서 오른쪽으로의 트래킹에 의해 모습을 드러내는 무릎이 잘려나간 비너스의 아래에서 시작했었다. 리비아가 프란츠를 다시 정복한다고 믿는 바로 그 순간 그녀의 정열이 야기하는, 그리고 자신의 세계의 종말을 증명하는 그 비너스처럼 그녀의 '다리를 잘라 버릴' 그런 위험이 도사리고 있는 것이다.

영화의 규칙에 따라 브루크너의 〈제7교향곡〉 단편들은 사랑의 관계에 대한 해설을 하게 되는데, 리비아의 착각과 동시에 에로스와 타나토스 사이 불가분의 관계를 강조한다. 이 시퀀스의 총 11분 동안 실제로 두 번 음악이 등장한다. 첫번째 경우에는 약 2분 정도(리비아가 창문을 닫는 순간에서부터 말러가 웃기 시작할 때까지) 지속되며, 이미 살펴본 바와 같이 종종 속임수(환상)의 효과를 강조하는 1악장의 두번째 주제를 역전된 형태로 인용한다. 이 주제는 쇼트 4와 5에서 사용되었는데, 이때 거울과 벽화는 리비아가 믿을 채비를 하고 있는, 또 자신이 부정하고 있음에도 불구하고 사실 이미 믿고 있는 말러의 허위성를 지적했었다. 두번째 음악의 등장은 3분 30초가 넘게 지속되는데, 프란츠가 소파로 가서 편안하게 눕는 쇼트 15의 처음부터 시작되어 사랑의 고통스러운 승리를 보여주는 쇼트 16, 17, 18 위로 계속해서 흐른 다음 시퀀스 8이 시작될 때 완성된다. 이 음악은 아다지오의 두번째 주제로, 정열적인 사랑의 행복과 부서지기 쉬움에 연결된다.

이와 같이 시퀀스 7은 인물들의 이중성을 비꼬기 위해 이미지와 사운드의 모든 요소들을 교묘하게 조율하는 영화의 작동 방식을 완전히 드러내 준다. 영화는 인물들이 다소 우스운 '역할'을 연기하고 있음을 보여주는데, 이는 보드빌과 동시에 멜로드라마의 흔적들을 찾아볼 수 있기 때문이다. 영화 전체에서처럼 미장아빔[31]과 이중화 작업은 영화가 리비아/말러 커플과의 사이에 두고 있는 거리를

---

31) 뒤의 용어 해설 참조. 〔역주〕

명백히 하며, 재현이라는 속임수의 유희에만 근거하여 작동하는 한 세계에 대한 비판을 양산한다. 그러나 이 시퀀스는 그 세계에 하나의 미적 가치를 부여하고 있다. 연출에 쏟은 주의력, 음악의 사용 및 영상의 아름다움은 그 세계를 잃어버림으로써 야기되는 우울함에 대한 증명이다. 그것의 포로가 되지 않게끔 해주는 비평적 성찰의 자리를 유지하면서도 비스콘티는 예술 분야에서 신화의 힘을 연장시키고 있다.

평단의 시선

영화의 배경과 관련하여 《센소》가 이탈리아에서 불러일으킨 논쟁에 대해서는 이미 충분히 이야기했기 때문에, 여기서는 1956년 2월 파리에서 영화가 개봉되었을 때 프랑스 평단의 반응을 소개하고자 한다. 파리 개봉은 그 전에 열린 플레이엘 홀의 첫 시사회 및 리셉션에 비스콘티가 참가하여 영화를 직접 소개하고, 다음과 같이 이야기할 만큼 매우 중요한 의미를 지니는 것으로 보였다. "내 영화들이 항상 좋은 평가를 받았던 것은 아니다……. 베니스 영화제에서 《센소》에 대한 평가는 최악의 다큐멘터리 영화에 비견할 만한 것이었다……. 나는 '최후의 심판'을 위해 파리에 왔다."

《필름 콩플레》지가 《센소》에 특별판을 할애(571호, 1956년 6월 28일자)하는 등 대중지의 호응을 받았음에도 불구하고 상업적으로 그 성공이 별로 눈에 띄지 않았던 영화는, 시네필 평론가들 사이에서는 확실한 성공을 거두었다. 1956년 2월 《카이에 뒤 시네마》가 발표하는 '10인의 조언' 칼럼에서 8명의 평론가들이 별 3개('절대적으로 봐야 할 영화')를 줬고, 단지 2명만이 별 2개('볼 만한 영화')를 매겼다. 게다가 편집장은 "피에르 카스트와 조르주 사둘은 《센소〉에 별 4개를 주려고 했다"고 덧붙였다.

찬성

"스토리는 꽤 심각한 취약성과 결점들을 내포하고 있지만, 우리는 영화의 장엄한 조형적 성공 덕택에 그것들을 잊어버리게 된다……. 《센소〉의 숭고한 영상들 곁에서는 심지어 카스텔라니 감독의 《로미오와 줄리엣》 같은 영화들도 투박하고 무미건조한 듯이 여겨진다 ……. 완전한 성공. 비스콘티는 《센소〉를 찍음으로써 지금까지 존재한 것 중 가장 아름다운 컬러 영화를 만들어 냈다."

장 오렐, 《프랑 티뢰르》, 1956년 1월 30일자.

"평범치 않은 파괴성과 긴장을 내포하는 이 심리드라마는 늘 역사적 맥락에 강하게 연결되어 있다. 이 비극적 사랑의 이기주의는 그것이 독립 전쟁의 피 속에서 신생 이탈리아가 태동하는 때에 전개되기 때문에 일종의 괴물스러운 부각의 대상이 된다.

비스콘티의 성공은 이 소재로부터 진실성에 의해 정겨운 것으로 화하는(1866년 베니스의 분위기, 전투 시퀀스들, 배경들 및 베니스 민중의 삶을 보여주는 장면들은 '정사(正史)'가 그려내는 저속한 그림, 위선과 거짓들을 말끔히 소탕함으로써 놀라운 힘을 갖고 우리를 압도한다) 작품을 끌어냈다는 데에 있으며, 동시에 그 일관성으로 인해 예외적인 한 인간의 족적이 부각되는 그런 훌륭한 예술 작품을 만들어 냈다는 데에 있다.

맹렬한, 거의 숨막히는 가혹성을 띠는 연인들의 심리극은 자연스럽게 민중의 넘쳐흐르는 생기와 균형을 이루고, 마찬가지로 닥쳐오는 죽음을 인식하고 있는 사회의 타락상은 새로운 세계의 탄생과 균형을 이룬다."

아르망 몽조, 《뤼마니테》, 1956년 2월 4일자.

"죽음처럼 아름다운.

비스콘티는 교육과 처한 상황에 의해 오페라의 주인공처럼 살게끔 되는 인물들을 택하고 싶었다고 말한 바 있다. 그리고 분명, 이와 같은 귀족 혹은 군인 계층은 당연히 오페라가 보여주는 극적이고 장엄한 존엄성을 띤 채 행동하는 것이 사실이다. 하지만 그들은 실제로 그런 상황에 의해 죽음을 맞이하게 되고, 비스콘티는 이와 같은 모험담, 즉 조화, 광휘, 그리고 조형미 말고는 연극적인 것이 없고 현실의 모든 무게감으로 다가오는 그런 모험담을 우리에게 분명하고, 부정할 수 없고 실재하는 것으로 느끼게 할 수 있었다. 이와 같은 사실주의와 스타일 간의 화해가 비스콘티의 비밀이다. 자신의 한계일지도 모르는 일종의 차가움을 동반하는 것이 사실이기는 하나, 그 많은 예술은 헛되이 소비되지 않는다. 《센소》는 차원 높은 윤리적 교훈이자 훌륭한 사랑 이야기이자 영화가 우리에게 선사한 가장 정제된 스펙터클 중 하나다."

앙드레 바쟁, 《르 파리지엥 리베레》, 1956년 2월 7일자.

"폭력적이고 음험한 공세에도 불구하고 《센소》는 작년 이탈리아에서 모든 흥행 기록을 경신했다. 대중들이 논쟁에 종지부를 찍었다. 그들은 뿌리가 이탈리아의 땅, 사회, 민중, 혁명적인 역사, 예술 등에 깊이 박혀 있는 진정한 민중드라마에 열광했다…….

'멜로'라는 비난에 대해서는 넘어가기로 하자. 이탈리아 내에서 열띠게 벌어졌던 논쟁이 더 심각했다. 《센소》는 과연 네오리얼리즘적인가, 아닌가? 분명 《강박관념》《자전거 도둑》혹은 《파이자》처럼 네오리얼리즘적이지는 않다. [그러나] 가리발디 시대를 묘사하고 근본적으로 이탈리아 민중에게 발언권을 줌으로써, 《센소》는 이탈리아 영화학파의 본질적인 중심 노선을 윤택하게 했다. 이 영화는 학구적 형식이 아니라 영속적 생성인 네오리얼리즘을 갱신에 의해 풍요롭게 했고 (…) 아주 새롭고도 비옥한 전망들을 열어주었다."

조르주 사둘, 《레트르 프랑세즈》, 1956년 2월 9일자.

"걸작에 관한 단평…….

관객이 적절한 수준을 갖춰야만 하는 영화들이 있다. 비스콘티는 전후 시대에 그의 가장 진정한 영화 걸작 중 하나를 선사했다. 텍스트와 미장센과 메시지에 의해. 그를 인정할 때가 되었다."

자크 도니올-발크로즈, 《카이에 뒤 시네마》, 56호, 1956년 2월.

비판 섞인 지지

"《센소》는 야심찬 영화다……. 영화의 작가가 가진 야심들, 혹은 그의 '선입관'을 고려하지 않고 영화를 판단하는 것은 불합리하다고까지는 못하더라도 확실히 정당치 못하다고 할 수 있을 것이다 ……. 제일 게으른 사람들을 위해서라도 예고한다면, 《센소》는 '역사적인 프레스코화'도, 사실적인 비극도 아니다. 오페라 스타일로 다루어진 영상화된 시, 저주받은 사랑에 관한 시다……

낭만적인 화려함으로 관통되는 이 비극은 거짓말 같은 이야기들과 프랑스 관객들이 우스꽝스럽게 생각할 우려가 높은 장면들로 들끓고 있다. 매순간 광기가 이성을 압도한다. 한편 '전면에서' 지나치게 길게, 또 보통 행위에 제대로 얽혀 들어가지 않은 채 진행되는 사랑의 듀엣들은 이야기의 리듬을 과도하게 늦춘다……. 이와 같은 단점들이 작가에 의해 의도된 것이기는 하나 그것들을 수용하느냐, 참을 수 없는 것으로 판단하느냐에 따라 《센소》를 좋아하거나 싫어하게 된다.

8개월 전 베니스에서 나는 비스콘티의 작품에 대해 한눈에 반하는 것 같은 심정이었다. 파리에서는 이와 같은 열정을 되찾지 못했다는 것을 고백한다. 그렇지만 내가 생각하기에 이 영화는 상당히 특별한 예술적 성공의 인상을 남기는 것 또한 사실이다."

장 드 바롱셀리, 《르 몽드》, 1956년 2월 8일자.

"그러나 이것[제시된 예가 한 사회 계급 전체를 규탄하기에는 너무 예외적이라는 사실]이 내가 《센소》에 대해 가하고자 하는 비판의 본질은 아니다. 리비아의 사랑——영화 제목이 그것을 명백하게 제시한다——은 전적으로 관능적이다. 육체에 관한 문제다. 그런데 바로 이 육체의 열기가 결여되어 있다. 비스콘티가 감히 시도하지 못한 것일까? 유감이다. 왜냐하면 주인공 여자의 정열적 사랑이 내포하는 이 가장 중요한 측면을 주저없이 다룸으로써 멜로의 함정에 빠지지 않을 수 있었기 때문이다.

그러나 이런 유보 조건에도 불구하고 《센소》는 그 조형적인 가치 때문에 보아야 할 영화다."

막스 파발렐리, 《파리-프레스-랭트랑시장》,

1956년 2월 10일자.

반대

"이탈리아인들은 이번에 그들이 발명하고 챔피언이 된 진실주의 스타일을 포기하고, 가장 거드름 피우고 먼지 쌓이고 숨막히는 나폴레옹 3세풍으로 장식된 스튜디오에서 만들어진 어두운 사랑의 비극으로 우리를 빠져들게 한다……

멜로드라마의 가장 대표적인 상투어들이 그대로 드러난다. 이탈리아 영화는 우리에게 자신의 자연적이고 인간적인 자산들을 보여줄 때 빛난다……. 그러나 심리적 비극들을 제시할 때는 이탈리아인들의 지중해적인 상상력이 우세해지고, 그것은 너무나도 어두워서 종국에는 코미디가 되어 버린다…….

말하고 또 말하자. 이 영화의 모든 것은 이야기, 우리를 전혀 감동시키지 못하고 우리로 하여금 보다 진실된, 터놓고 말하면 보다 덜 '우습게 꾸미는' 영화를 아쉬워하도록 만드는 그런 멜로드라마에 바쳐지고 있다."

클로드 가송, 《로로르》, 1956년 2월 7일자.

"만약 당신이 이탈리아 감독 비스콘티가 만든 《센소》라는 극도로 잘난 체하는 영화를 보러 간다면, 당신은 (특히 맨 처음과 끝에) 정말 아름다운 영상들을 접하게 될 것이다…….

그러나 그렇기 때문에 더더욱 미리 예고해야 할 것이 있다. 즉 이와 같이 일시적인 예술적 만족을 얻기 위해 시네마토그래프가 이제껏 만들어 낸 것 중 가장 어두운 멜로드라마 한 편을 참아 줘야 한다는 사실이다. 이 멜로드라마는 과장, 중복 및 감독의 습관적인 결함이자 그의 영화의 최상의 부분에 피해를 입히는 과도한 영상에 대한 집착에 의해 악화되고 있다.

거기에는 완전히 예술이 부재한다. 우매함과 선택의 거부, 파멸에의 취향으로 인해 모든 것이 결여되어 있다. 가장 우스운 에피소드들이 오페라풍을 도입함으로써 확대된다(정말 독특한 인용이다).

루이 쇼베, 《피가로》, 1956년 2월 10일자.

"네오리얼리즘과 완전히 결별한 작가는 [오페라와 레지스탕스를] 강조하고 있다. 멜로드라마적이기보다는 연극적인 외관에도 불구하고, 육체적 소유에 관한 이야기인 이 영화의 근거 없는 서정주의와 역사적이고 정치적인 시퀀스들의 조심스러운 변호조 사이에는, 캐러멜톤의 흑갈색 겉치레하에 이들을 통일시키는 테크니컬러 외에는 아무런 연결고리가 없다…….

영화 관객은 늘 이분법적이기 마련이다. 관객에게 《센소》는 뭔가 이데올로기적인 단일성이 결여된 것으로 보인다. 관객은 보다 선명한 상황들, 보다 명백한 소재들에 익숙해 있다."

클로드 모리악, 《피가로 리테레르》, 1956년 2월 11일자.

"《센소》는 우리를 끔찍함에 가까운 낭패 상황에 빠뜨렸다. 기술적 측면에서만 본다면 이 영화는 걸작이고, 그것을 인정해야(어쩔 수 없게도) 한다. 게다가 이와 같은 성공을 만들어 낸 사람은 우리의 견해로는 비스콘티가 아니라 조명감독인 영국인 로버트 크라스커이다…….

그 많은 아름다움이 얼마나 끔찍한 이야기를 위해 봉사하고 있는지! 리비아 세르피에리 백작부인과 그의 새정부인 오스트리아의 프란츠 말러 중위의 사랑에 비하면, 《육체의 악마》에 나오는 주인공들의 비열성은 빛이 바랠 정도다. 이 정도면 뭐 더 할 말이 있겠는가. 《센소》는 금지시켜야 할 작품이다.

[…] 두 시간 동안 스크린은 이처럼 진흙탕 세례를 받는다. 영화가 끝나고 나오면 시원한 밤공기가 참 좋다. 어찌나 힘겨운 시험이었는지……."

J. 로., 《라 크루아》, 1956년 2월.

용어 해설

내적 초점화(Focalisation interne): 편집에 의해 인물의 시점을 보여주는 것. 인물의 모습이 보인 뒤 그가 쳐다보는 대상이 같은 쇼트 내에 존재하지 않는다는 조건하에 보여진다.

디에제스(Diégèse): 이야기가 전개되는 영화 세계(디에제틱한)에 속하는 모든 것을 지칭하기 위해 영화 분석에서 사용되는 용어.

딥포커스(Profondeur de Champ): 원근법의 규칙에 따라 선과 부피들의 구성을 통해 공간을 3차원적으로 조직하는 것(특히 조명 혹은 프레임 내의 프레임 장치에 의해).

미장아빔(Mise en abyme): 전체(이야기·재현)의 내부에 포함되는 축소된 이미지. 표준적인 예: 얀 반 에이크의 그림에서 아르놀피니 부부를 투시하는 딥포커스 거울.

보이스 인(Voix in), **보이스 오버**(Voix off): 이미지 트랙 위에 행해지는 목소리들의 조율. 보이스 인은 영상 내에 그 기원이 있고, 보이스 오버는 그 기원이 영상 내에 있지 않다. 음악이나 소리에도 동일한 원칙이 적용된다.

쇼트(plan): 한 영화 제작에 있어서 기본적인 기술적 단위로, 분석

단위로서 선택된다. 그럴 경우 그 크기와 촬영 각도를 규정하는 프레임과 2개의 연결(raccord) 중간에 이어지는 지속 시간에 의해 규정된다. 쇼트들은 지속 시간(짧은 쇼트, 긴 쇼트)과 크기에 의해 지칭된다. 크기면에서 중간적인 위상을 갖는 것은 인물들의 서 있는 모습이 보이는 미디엄 쇼트다. **미디엄 쇼트(plan moyen)**를 기준으로 일련의 단계적인 쇼트들이 가능한데, **익스트림 롱 쇼트**(plan général; 광대한 공간에 위치하여 멀리서 보이는 인물들), **롱 쇼트**(de grand ensemble; 넓은 공간에서 얼굴을 알아볼 수 있는 인물들), **아메리칸 쇼트**(plan américain; 허벅지 중간까지 보이는 인물들), **근접 쇼트**(plan rapproché; 허리 위로 잘린 인물들), **클로즈업**(gros plan), **익스트림 클로즈업**(très gros plan)이 있다.

시점(point de vue): 이야기에서 누가 보는가를 명백히 하는 것. 특히 주관적 카메라의 효과를 지칭한다(관객이 인물의 입장에서 바라보지만 꼭 내적 초점은 아님).

시퀀스(Séquemce): 디에제틱한 단일성(행위와 일반적으로 시간 및 공간의 단일성)을 기반으로 한 내러티브 단위.

아모르스(Amorce): 인물이나 사물이 화면의 전면에 위치한 채 부분적으로 프레임에 의해 잘릴 때를 말한다.

연결(Raccords): 두 쇼트 장면의 결합. 두 쇼트가 고유의 역동성에 의해 결합되면 다른 관련성이 없더라도 '운동 속의' 연결이라고 하며, 이 규칙이 지켜지지 않으면 '어긋난 연결(faux raccords)'이라고 한다.

연루(Implication): 시퀀스들간의 관계. **연대기적(Chronologique; 시**

간 내에서의 연결), **논리-디에제스적**(logico-diégétique; 디에제스가 제시하는 관계들), **정지된**(Suspendue; 명백한 연관이 없는 경우) 관계로 나타날 수 있다.

촬영 각도(Angle de prise de vue): 카메라의 위치에 의해 수평·수직으로 결정된다(부감(plongée): 피사체보다 카메라가 위에 위치; 앙각(contre-plongée): 피사체보다 카메라가 아래에 위치).

카메라의 움직임(Mouvements de caméra): **팬**(panoramique; 카메라가 고정된 축에서 수평 혹은 수직으로 움직일 때[32])과 **트래킹**(tracelling; 카메라가 공간 속에서 전방·후방 혹은 측면으로 이동할 때)을 구별한다. 복잡한 움직임들이 가능한데, 특히 미국식 크레인은 이동 가능한 플랫폼 위에 있는 축을 중심으로 돌면서 길이를 조정할 수 있는 팔을 가지고 있다.

페이드(Fondus; 명암): **-아웃**(au noir; 암전)(한 이미지가 점차 어두워지다가 사라지는 것)과 **오버랩**(enchaîné; 한 이미지가 다음 이미지에 의해 지워지는 것). 다양한 기능들을 가지는 기술적 조작. 페이드가 사용되지 않으면 커팅에 의한 연결.

편집(Montage): 연결(raccord)에 의한 쇼트들의 병치. 기술적이지만 내러티브적인 면에서나 미학적으로 의미를 가지는 작업.

프레임, 프레이밍(화면 구성법), **재프레임화**(Cadre, cadrage, recadrage): 이미지의 경계들을 결정하고 부분적으로 그 구성에 참여한다. 프레임은 카메라의 움직임과 더불어 변화할 수 있다. 프레임 내

---

32) 수직 움직임은 '틸트'라고 칭하는 것이 보다 일반적이다. [역주]

의 프레임 체계들이 존재한다.

플롯의 시간(Temps du récit): 디에제스의 시간(이야기의 시간)을 그 순서(과거로의 회귀—**플래시백**(flash-back)-혹은 동시성을 표시—교차 편집—할 수 있는 가능성을 담보한 채), 길이(생략법의 사용을 동반한 채) 혹은 반복에 의해 조직하는 방식.

화면 영역/외화면 영역(Champ/hors-champ): 화면 영역은 프레임에 의해 규정되고 재현되는 공간의 부분을 칭한다. 화면 영역은 하나의 '외화면 영역' 즉 프레임의 네 측면에서 상상적으로 연장되는 공간을 가정한다.

참고 문헌

《센소》에 관한 참고 문헌의 양이 너무 방대하여 저자는 예외적인 경우를 제외하고는 최근의 출간물들, 그리고 프랑스어로 된 문헌들을 우선적으로 선택했다.

비스콘티에 대하여

Schifano(Laurence), *Luchino Visconti, les feux de la passion*, Paris, Éd. Perrin, Paris, 1987, et Éd. Flammarion, 1989.

Aristarco(Guido), 〈루키노 비스콘티 작품 속의 문화적 경험과 독특한 경험 Esperienza culturale ed esperienza originale in Luchino Visconti〉, *Su Visconti, materiali per una analisi critica*, Rome, Ed. Di Babele, 1986, pp.19-60.

Premier Plan, n° 17, 1961, *Luchino Visconti*.

Caméra Stylo, Luchino Visconti, n° 7, 1989년 12월호.

Di Giammatteo(Fernaldo), 〈최상의 비스콘티, 이야기와 악의 주인공들 Il primo Visconti, la Storia e gli eroi del male〉, in *La controversia Visconti, Bianco e Nero*, n° 29, 1976, pp.7-35.

Ishaghpour(Youssef), *Visconti, Le sens et l'image*, Paris, Éd. de la Différence, 1984.

Micciche(Lino), 〈비스콘티와 그의 이유들 Visconti e le sue ragi-oni〉, 《베니스에서의 죽음》의 데쿠파주에 대한 소개. Bologna, Cappelli, 1971, pp.11-93.

Nowell-Smith(Geoffrey), *Visconti*, London, Ed. Secker & Warburg and BFI, 1973.

Rondolino(Gianni), *Luchino Visconti*, Turin, Ed. UTET, 1982.

Sanzio(Alain)/Thirard(Paul-Louis), *Luchino Visconti cinéaste*, Paris, Éd. Persona, 1984.

Théorème I, Visconti. Classicisme et subversion, Michèle Lagny 외, Paris, Publications de la Sorbonne Nouvelle, 1989.

직접 인용 자료

Boito(Camillo), *Senso, Le carnet secret de la comtesse Livia*, Actes Sud, coll. Points, 1983.

Cavallero, *Visconti, Senso*, Bologne, Ed. Cappelli. 2ᵉ édition, 1977 (영화의 데쿠파주, 보이토의 원작 이탈리아어판 및 처음 두 각색본의 원문이 실림).

Doniol-Valcroze(Jacques)/Domarchi(Jean), 〈루키노 비스콘티와의 인터뷰 Entretiens avec Luchino Visconti〉, *Cahiers du cinéma*, n° 93, 1959년 3월호, pp.1-10.

《센소》에 관한 기사

Archer(Willy), 〈비스콘티에게 경의를 표하며 Pour saluer Visconti〉, *Cahiers du cinéma*, n° 57, 1956년 3월, pp.4-20.

Aziza(Claire), 〈실험적인 멜로드라마 Le mélodrame expérimental〉, in *Théorème I*, *op.cit.*, pp.121-136.

Braure(Bruno), 〈《센소》에 나타난 드라마투르기의 문제 La question dramaturgique dans *Senso*〉, in *Théorème I*, *op.cit.*, pp.95-119.

Chansel(Dominique), 〈리소르지멘토와 오페라 Risorgimento et opéra〉, *Contreplongée*지에서 발간한 비스콘티 특별집, Strasbourg, 1990, pp.30-37.

Cuau(Bernard), 〈《센소》: 색채의 상징학 *Senso*: une symbolique des couleurs〉, *Études cinématographiques*, n° 26-27, pp.61-67.

Godebarge(Jean-Pierre), 〈《센소》 혹은 무관심하지 않은 음악 *Senso* ou la non-indifférente musique〉, in *Théorème I*, *op.cit.*, pp.27-44.

Lagny(Michèle), 〈감춰진 역사 Histoire cachée〉, in *Vertigo, L'Infilmable*, n° 3, 1988, pp.21-25, 〈이야기 프레임 Il quadro della storia, L'histoire-cadre, l'histoire-tableau〉, in *La Scena, lo schermo*, Università degli Studi di Siena, n° 3/4, 1989년 12월-1990년 6월, pp.84-95.

Leutrat(Jean-Louis), 〈커튼과 그의 그림자 Le rideau et son ombre〉, in *Caméra Stylo*, *op.cit.*, pp.72-76, *Kaléidoscope*, Presses Universitaires de Lyon, 1988.

Liandrat-Guigues(Suzanne), 〈붉은 커튼을 들추었을 때 Dans l'é-

cartement du rideau rouge⟩, in *Studio 43*, 1990, pp.75-87, ⟨자신
의 겹쳐진 주름 속에 위치한 모티프 Le motif dans ses plis⟩, in
Versus, à paraître.

Marcus(Millicent), ⟨비스콘티의 《센소》: 그람시가 본 리소르지멘
토 Visconti's Senso: The Risorgimento according to Gramsci⟩, in
Italian Film in the Light of the Neorealism, Princeton University
Press, 1986, pp.164-188.

이수원

서울대학교 불어불문학과 졸업
한국외국어대학교 통번역대학원 및
프랑스 고등통번역학교(ESIT) 수학
파리3대학교(소르본느누벨) 영화학 박사
현재 서울대학교, 부산대학교(예술문화영상학과) 강사.

문예신서
3104

《센소》 비평 연구

초판발행 : 2005년 9월 15일

東文選

제10-64호, 78. 12. 16 등록
110-300 서울 종로구 관훈동 74
전화 : 737-2795

편집설계 : 劉汯兒 李娅昗

ISBN 89-8038-822-5 94680
ISBN 89-8038-000-3(세트 : 문예신서)

東文選 文藝新書 304

음악 녹음의 역사

마이클 채넌

박기호 옮김

　본서는 음반 산업의 역사를 다룬 최초의 개론서로서, 1877년 에디슨이 발명한 '말하는 석박(錫箔)'에서 **CD** 시대에 이르는 음반 산업의 역사에 관련된 전 영역을 다루고 있다.

　마이클 채넌은 본서에서 음반을 전통적 성격의 상품과는 완전히 성격을 달리하는 새로운 유형의 상품, 즉 무형의 연주로 존재하는 음악을 판매 가능한 대상으로 전환시킨 상품으로 고찰하고 있으며, 음악 문화에서 음반이 야기한 전도 현상에 대하여 서술하고 있다. 본서에서 그는 다음과 같은 의문을 제기하고 있다. 녹음 스튜디오에서는 어떤 일이 일어나고 있는가? 녹음은 음악에 어떤 영향을 끼치고 있는가? 재생 기술로 인하여 우리가 구시대 사람들과 다르게 음악을 듣고 있는가?

　본서는 기술과 경제 양 측면에서 음반 산업의 성장과 발전을 관련시키고 있다. 클래식 음악과 팝 음악 양 진영에서의 음악 해석에 끼친 마이크의 영향, 이들 요소가 음악의 스타일과 취향에 끼친 충격 등이 그것이다. 대단히 알기 쉽게 서술된 본서는 녹음 기술의 발전과 새로운 팝 음악 형식의 발생 사이의 관계에 대해서도 추적하고 있으며, 마이크 테크닉과 스튜디오의 실제 작업에 대한 클래식 음악가들 사이의 논쟁을 다루고 있다.

東文選 文藝新書 303

부알로의 시학

곽동준 편역 및 주석

《부알로의 시학》은 문고판으로 31페이지에 불과한 책이다. 그러나 31페이지에 불과한 이 책은 그 당시 프랑스 고전주의의 이론을 제시한 '위대한' 텍스트였다. 여기서 '위대하다'는 것은 부알로가 고전주의 이론가로서 당대 최고 권력 비평가였음을 의미하는 동시에 아리스토텔레스의 《시학》과 호라티우스의 《시학》을 계승하는 프랑스 고전주의 《시학》의 완성자로서 그 의미를 부여할 수 있다는 것이다.

부알로는 고대 그리스와 로마의 《시학》을 인용하고 암시함으로써 자신이 고전문학의 계승자로서 자신의 정통성을 찾고자 했음을 보여준다. 이러한 정통성을 바탕으로 그는 근대적 이성과 양식, 균형과 절도와 질서, 간결하고 명쾌한 문체와 엄격한 형식을 요구하는 고전주의 이론과 고전희곡에서 삼단일의 원칙을 완성했던 것이다. "마침내 말레르브가 왔다"고 한 부알로의 이 말은 프랑스 고전주의의 선언으로 유명하다.

원전의 두 배에 달하는 주석은 《부알로의 시학》을 이해하는 데 도움이 될 것이며, 또한 상당량에 달하는 이 책의 분석서는 《부알로의 시학》을 제대로 평가하는 데에도 기여할 것으로 확신한다. 부알로의 비평 권력에 희생된 수많은 작가들이 오늘날 프레시오지테, 뷔를레스크, 전원, 서정과 서사 장르에서 그 문학적 독창성과 상상력을 인정받고 있기 때문이다.

東文選 文藝新書 295

에로티시즘을 즐기기 위한 100가지 기본 용어

장 클레 마르탱

김웅권 옮김

　즐기면서 음미해야 할 본서는 각각의 용어가 에로티시즘을 설명하는 대신에 그것을 존재하게 하며, 느끼게 만들고, 떨리게 하는 그런 사랑의 여로를 구현시킨다. 에로티시즘을 이해하는 게 중요한 게 아니라 그것을 즐기고, 도취 · 유혹 · 매력 · 우아함 같은 것들로 구성된 에로티시즘의 미로 속에 들어가는 게 중요하다. 각각의 용어는 그 자체가 영혼의 전율이고, 바스락거림이며, 애무이고, 실천이나 쾌락의 실습이다. 극단적으로 살균된 비아그라보다는 아프로디테를 찬양해야 한다.

　이 책은 들뢰즈 철학을 연구한 저자가 100개의 용어를 뽑아 문화적으로 전환된 유동적 리비도, 곧 에로티시즘과 접속시켜 고품격의 단상들을 생산해 내고 있다.

　에로티시즘이 각각의 용어와 결합할 때 마법적 연금술이 작동하고, 이로부터 솟아오르는 스냅 사진 같은 정신의 편린들이 격조 높은 유희를 담아내면서 독자에게 다가온다. 한 철학자의 방대한 지적 스펙트럼 속에서 에로스와 사물들이 부딪쳐 일어나는 스파크들이 놀라운 관능적 쾌락을 뿌려내는 이 한 권의 책을 수준 높은 고급 독자에게 권한다. '텍스트의 즐거움'을 함께 나누고자 한다.

　장 클레 마르탱은 프랑스의 철학자로서 활발한 저술 활동을 펴고 있으며, 저서로는 《변화들. 질 들뢰즈의 철학》(들뢰즈 서문 수록)과 《반 고흐. 사물들의 눈》 등이 있다.

東文選 文藝新書 212

영화와 문학의 서술학

문자의 서술, 영화의 서술

프랑시스 바누아

송지연 옮김

《영화와 문학의 서술학》은 영화 서술과 문학 서술에 분석의 도구를 제공하는 책이다. 이 책은 문자와 영화의 차이점을 살펴보고, 이 두 가지 표현 양식이 사용하는 서술의 기본적인 양상들을——인물·시간성·시점·묘사·대화——검토한다.

이 책은 다양한 작품에 대한 구체적인 분석을 통해 문제에 접근한다. 영화에서는 르누아르에서 히치콕, 부뉴엘에서 트뤼포까지, 문학에서는 발자크에서 해밋, 모파상에서 로브 그리예에 이르는 수많은 작품들이 인용되어 있다.

분명한 교육 목적을 가지고 집필된 이 책은 서술 이론과 영화의 문제에 대한 훌륭한 입문서가 될 것이다. 이 책을 읽는 데는 특별한 전문 지식이 필요없기 때문이다. 또한 앙드레 고드로와 프랑수아 조스트의 《영화서술학》은 독자에게 영화 서술 이론의 최근의 발전에 대해 심화된 지식을 제공한다.

東文選 文藝新書 239

미학이란 무엇인가

마르크 지므네즈

김웅권 옮김

　미학이 다시 한 번 시사성 있는 철학적 주제가 되고 있다. 예술의 선언된 종말과 싸우도록 압박을 받고 있는 우리 시대는 이 학문의 대상이 분명하다고 간주한다. 그런데 미학은 상대적으로 최근에 태어난 것이다. 왜냐하면 예술에 대한 성찰이 합리성의 역사와 나란히 한 역사이기 때문이다. 마르크 지므네즈는 여기서 이 역사의 전개 과정을 재추적하고 있다.

　미학이 자율화되고 학문으로서 자격을 획득하는 때는 의미와 진리에의 접근으로서 미의 문제가 초미의 관심사가 되는 계몽주의의 세기이다. 그리하여 다양한 길들이 열린다. 미의 과학은 칸트의 판단력도 아니고, 헤겔이 전통과 근대성 사이에서 상상한 예술철학도 아닌 것이다. 이로부터 20세기에 이루어진 대(大)변화들이 비롯된다. 니체가 시작한 철학의 미학적 전환, 미학의 정치적 전환(특히 루카치·하이데거·벤야민·아도르노), 미학의 문화적 전환(굿맨·당토 등)이 그런 변화들이다.

　예술이 철학에 여전히 본질적 문제인 상황에서 과거로부터 오늘날까지 미학에 대해 이 저서만큼 정확하고 유용한 파노라마를 제시한 경우는 드물다.

　마르크 지므네즈는 파리I대학 교수로서 조형 예술 및 예술학부에서 미학을 강의하고 있다. 박사과정 책임교수이자 미학연구센터 소장이다.

東文選 文藝新書 244

영화와 회화

─ 탈배치

파스칼 보니체
홍지화 옮김

우리는 영화와 회화 사이의 덜 분명하지만 보다 확실하고 보다 비밀스러운 관계를 조명하고자 한다. 영화는 예술적인 문제들과 만나게 되거나, 회화가 다르게 다루었던 효과들을 나름의 목적에 이용할 것이다. 회화의 고정성과 영화 이미지의 유동성으로 인해 영화와 회화가 반드시 단절되는 것은 아니다. 왜냐하면 영화는 나름대로 고정된 이미지와 연관되고, 회화도 움직임과 연관되기 때문이다.

영화와 회화에 바쳐진 이 텍스트 모음집에서 파스칼 보니체는 현대 예술의 변모——마네부터 포토리얼리즘에 이르기까지——를 통해 회화에 대한 영화·카메라·스크린·움직임의 영향을 분석한다. 또한 회화의 쪽 단위로 조판하는 정판의, 정태적인 프레임의, 게다가 현대 회화의 폭력적인 제스처의 몇몇 영화인들에 대한 상호 영향을 분석한다. 두 가지 전제들이 이 책에서 시험된다. 이를테면 회화가 극예술에도 속한다는 것, 그리고 영화는 몇몇 경우에 산업이 그에게 부과하는 서술적 운명을 피하려 한다는 것이다. 두번째의 경우는 고다르 혹은 안토니오니가 증명하는 것처럼 현대 회화의 모델에 따라 추상적인 서정주의에 도달하기 위한 것이다.

東文選 文藝新書 206

문화 학습 — 실천적 입문

주디 자일스 / 팀 미들턴
장성희 옮김

이 책은 문화 연구의 핵심 개념들을 소개하는 개론서로, 특히 문화 연구라는 주제를 처음 접하는 사람들을 위해 쓰여졌다. 저자들이 선택한 독서들과 활동·논평들은 문화 연구의 장을 열어 주고, 문화지리학·젠더 스터디·문화 역사 분야에서의 새로운 작업을 결합시킨다.

제I부는 문화와 문화 연구에 대한 다양한 해석들에 관한 논의로 시작해서 정체성·재현·역사·장소와 공간에 대한 탐구로 이어진다. 제II부에서는 논의를 확장시켜서 고급 문화와 대중 문화, 주체성, 소비와 신기술을 포함한 좀더 복잡한 주제들을 소개한다. 제I부와 제II부 모두 추상적 개념들을 경험적 자료들에 적용시키는 방법과 문화 분석에 있어 여러 학제적 접근 방법의 중요성을 예시해 주는 사례 연구들로 끝을 맺는다.

중요 이론가들과 논평가들의 저서에서 발췌한 인용문들이 텍스트와 결합되어 학생들이 주요 관건들·이론들·논쟁들에 접근하도록 돕는다. 이 책 전반에 등장하는 연습과 활동은 독자들로 하여금 제시된 문제들을 분석적으로 생각하게 고무한다. 심화된 연구와 폭넓은 독서를 위해 서지·참고 문헌·권장 도서 목록을 함께 실었다.

이 책은 그 다양성을 통해 문화 연구에 관한 지속적인 관심과 이해의 초석이 될 것이다.

주디 자일스는 리폰 & 요크 세인트 존 칼리지에서 문화 연구·문학 연구·여성학을 강의하고 있으며, 팀 미들턴은 리폰 & 요크 세인트 존 칼리지에서 문학 연구와 문화 연구를 강의하고 있다.

東文選 文藝新書 188

하드 바디
— 레이건시대 할리우드 영화에 나타난 남성성

수잔 제퍼드
이형식 옮김

《하드 바디》는 어떻게 해서 강인한 몸을 가진 남성 주인공들이 화면을 채우게 되었는가를 통찰력 있게 보여 주는 저서이다. 람보, 터미네이터, 존 매클레인, 로보캅과 같은 하드 바디 남성들은 미국을 공격하는 국내와 국외의 적들에게 미국의 강인함을 몸으로 보여 준다. 하드 바디는 레이건 정부가 악마로 규정했던 소련을 비롯하여 외국 테러리스트와 외국 경제력의 위협으로부터 미국을 지켜내며, 국내적으로는 마약 사범과 동성애자 등 미국의 전통적인 가치를 위협하는 소프트 바디를 처단한다.

'문화제국주의'의 첨병 역할을 하는 영화는 가장 민감하게 시대의 정신을 반영하는 매체 중 하나이다. 어느 특정 시대에 어떠한 영화 장르가 인기를 끄는 것은, 그 장르가 그 시대 사람들의 집단적인 욕망을 충족시키고 그들의 열망을 효과적으로 반영하기 때문이다. 한때 가장 미국적인 영화 장르였던 서부 영화의 흥망성쇠를 추적해 보면 이것을 잘 알 수 있다.

1980년대는 많은 면에서 1950년대와 유사점을 공유하고 있다. 아이젠하워가 통치한 8년간의 극우 보수적 분위기, 냉전 체제의 고착과 매카시즘, 그리고 한편으로는 경제적인 안정과 베이비 붐 세대의 부상, 핵가족에 근거한 전통적인 미국적인 가치의 찬양 등의 1950년대의 현상은 1981년에 취임한 레이건이 돌아가고자 했던 사회였다. 민권 운동, 페미니즘, 청년들의 반문화 운동, 베트남 전쟁 등이 전통적 백인 남성 위주의 사회 질서에 도전을 가하기 전의 평온하고 목가적인 소도시 미국 사회로 돌아가기를 원했던 것이다. 이러한 열망은 1980년대에 등장한 1950년대를 다룬 영화들로 표현되었다. 레이건은 베트남 전쟁의 패배로 만신창이가 된 미국의 자존심 또한 다시 일으켜 세우고 싶었고, 판타지 속에서나마 승리를 거두고 싶었던 열망은 《람보》를 비롯한 자위적인 영화로 표현되었다. 이들 영화의 성공은 승리하는 미국의 이미지에 미국 국민들이 얼마나 굶주려 있는지, 이것을 80년대의 영화들이 어떻게 충족시켜 주었는지 보여 준다. 아이젠하워처럼 레이건도 두 번의 임기 동안 재임했고, 그 자리를 아들 격인 부시에게 넘겨 주었다.